JN029812

θέατρον

テアトロン

社会と演劇をつなぐもの

高山明

AKIRA TAKAYAMA

河出書房新社

θέατρον　見る場所．転じて，
①劇場．②(集合的に)観客．
③見世物．

テアトロン
目次

テアトロン
社会と演劇をつなぐもの

装丁
水戸部 功

第1部

「Jアート・コールセンター」についての演劇的考察

あいちトリエンナーレ2019

「あいちトリエンナーレ」は、二〇一〇年から三年ごとに開かれる国内最大規模の国際芸術祭である。四回目となる二〇一九年は、メディア・アクティヴィストの津田大介さんが芸術監督を務めた。津田さんは、参加アーティストを男女同数にしたり、『表現の不自由展・その後』という展覧会内展覧会を実現させたり、メディア・アクティヴィストらしい発想と行動力で独自のプログラムを編み上げた。全体を貫くテーマは「情の時代」。感情、情報、情けという三つの「情」をいかに揺さぶるかが問われることになった。

そして二〇一九年八月一日、『あいちトリエンナーレ２０１９』（以下『あいトリ』）は開幕した。ところが三日後の八月三日、『表現の不自由展・その後』の中止が津田芸術監督と大村秀章愛知県知事によって発表された。脅迫を受け展覧会の安全を考慮せざるをえない、というのがその理由だった。これだけでも展覧会の「死」を意味しかねない事件だが、この事態を受けて海外のアーティスト九組が展示の中止を決断した。他にも作品のボイコットを考えるアーティストは多かったから、展覧会が成立しなくなるのは時間の問題であるように思われた。「組織的検閲や忖度によって表現の機会を奪われてしまった作品を集め」た『表現の不自由展・その後』が突如中止にされ、『あいトリ』に参加しているアーティストは皆それぞれに動揺していたように思う。この混乱はすぐに社会に広がり、マスコミによって連日報道され、政治が介入する大騒動に発展していった。

「Jアート・コールセンター」は、その渦中に行われた試みであり、『あいトリ』の騒動に対する私なりの応答であった。

「表現の自由」全般について論じることは私の力の及ぶところでないが、Jアート・コールセンターに話を絞り、具体的に考察していくことで、間接的に『あいトリ』や「表現の自由」の問題の輪郭を浮かび上がらせたいと思う。これは言うまでもないことだが、「Jアート・コールセンター」や『あいトリ』についての考察は私の個人的解釈であり、正しい答えを述べているつもりはない。私は努めて、演劇的な視点からすべてを見ようとしており、そもそもの前提からして偏っていることはあらかじめ申し上げておく。別の意見や考えがあるのは当然という前提で話を進めたい。

最初に、『あいトリ』に対する筆者の基本スタンスを一言だけ述べておく。私は、結果的に騒動が起きてよかったと思っている。文化庁による補助金不交付決定（後に減額交付を発表）、『ひろしまトリエンナーレ』に設置されたアート委員会など（その後トリエンナーレ自体が「新型コロナウイルスの感染拡大」により中止された）、『あいトリ』を経て芸術祭への政治介入が恒常化し、これまで隠されていた検閲が露骨に行われるようになった。こう見るとマイナス面ばかりが目立つようだが、過去、ここまで大炎上し、社会を騒がす事件になった日本の芸術祭はなかった。『あいトリ』によって初めて、芸術祭が「社会問題」になったのである。これ自体はとても喜ばしいことだ。なぜ喜ばしいのか。その理由は後ほど明らかになるだろう。

Jアート・コールセンターは「ReFreedom_Aichi」という運動のなかから生まれた。「ReFreedom_Aichi」は、閉鎖してしまった『表現の不自由展・その後』という展覧会や、閉鎖を受けてボイコットした何人かのアーティストたちの、すべての展示再開をめざす運動として立ち上がった。クラウドファンディングで一〇〇〇万円以上の寄付をいただき、そのお金で複数のプロジェクトを立ち上げた。Jアート・コールセンターもそうしたプロジェクトのうちのひとつだった。

はじめに、Jアート・コールセンターがどういった経緯でつくられたかを説明したい。

『表現の不自由展・その後』が閉鎖された大きな原因の一つとして、「電凸」と呼ばれる組織的な抗議電話があった。電凸はあいトリ事務局だけでなく、県の他の部署やスポンサー企業などいろいろな方面へと飛び火し、拡大の一途をたどった。芸術祭への抗議によって、『表現の不自由展・その後』は展示中止の憂き目に遭う。そのなかには抗議の域を明らかに越えた、脅迫と呼べるようなものもあったようだ。展覧会にガソリンを持ち込むというファクスを送った人物が威力業務妨害容疑で逮捕されたニュースを見た読者も多いだろう。

『表現の不自由展・その後』を再開し、一時的に作品を撤退させているアーティストたちに展示を再オープンしてもらうためには、電凸への対応を準備しておくことが不可欠だ。そうでなければ、また同じような行動で展覧会が妨害されるのは目に見えている。これは今回の『あいトリ』に限らず、国内のあらゆる芸術祭が同様に抱える脆弱性であり、今後も何か問題があれば電凸が仕掛けられ、芸術祭は潰されていくことだろう。そのきっかけを『あいトリ』がつくってしまった以上、それを乗り越えるアイデアや方法もまた、この芸術祭から出てこなければならないのではないか。今回の事態は、芸術祭のみならず、芸術や文化が成立する基盤を脅かす危機であり、参加作家としてアーティスト側から何かできないものかと私は考えた。

ひっきりなしにかかってくる電話には、誰が応対していたのだろうか。それは、あいトリ事務局に配置されている県の職員たちだった。彼らは当初「自分の名前を言わなくてはいけない」「自分から電話を切ることができない」という、県が定めるマニュアルに従って応対していた。電話の内容も、長い場合は三時間ひたすら罵倒されるとか、ここでは書けないような熾烈なものが多く、ほとんどの職員が精神的に参ってしまったという話だった。もう一〇年以上前、別件になるが、私も脅迫を受けていたことがあったので、電話が日に何十回もかかってくる怖さとストレスは想像できた。私たちアーティストは表現の自由を訴えるが、最前線で戦い、展覧会を守ってくれているのは彼ら職員なのだ。そうであれば、このような危機のとき、そうした電話の声に耳を傾けるべきは一番の当事者である私たちアーティストではないか。そのような率直な気持ちが出発点としてあった。

コールセンターをつくるということ

まず私たちがやったことは、実際に電話対応している事務局職員へのインタビューだった。どういった状況なのか、どういう電話があるのか。守秘義務があるので話してもらえる範囲ではあったが、ReFreedom_Aichi の活動の一つとして開設された「サナトリウム」で、何度か、食事をしながら話を聞かせてもらった。

事務局職員へのインタビューと並行して、コールセンターの会社を立ち上げた経験者に話を聞いた。コールセンターはどうやってつくるのか、シフトはどのように回すのか、電話を受ける際の注意点は何か、電話対応するうえで何が大事なのか、といったことをひたすら質問した。コールセンターをつくるにあたり、私たちができることとできないことの線引きをしたかったのである。

次に、どこまでがクレームでどこからが暴力的な脅迫なのかという線引きをするために、弁護士の須田洋平さんを招いて何度かワークショップを行った。須田さんに相談しながら、暴力でないものと暴力、意見を言う行為と脅迫行為との線引きを、自分たちなりに決めていったのである。かかってきた抗議の電話をすべて電凸と一括りにしてしまうことはできないから、暴力を分節化し、制御することで、逆に、ありうるかもしれない対話の回路を広げようと考えた。

さらに、一般社会で使われている電話対応マニュアルを可能なかぎり手に入れて、そのマニュアルをベースとして共有しつつ、今回の場合はどこをどのように更新すればいいか、アーティスト同士で話し合いを重ねた。そのようにして、私たちなりのガイドラインとマニュアルをつくっていったのである。

こうした私たち表現者の作業とは別に——実はここがとても大事なのだが——県側も電凸対策を着々と進めていた。愛知県は今回、ひょっとすると今後「あいちモデル」とか「あいトリモデル」と呼ばれるようになるかもしれないレベルの、画期的な電話対応マニュアルを短期間のうちに作成している。県との関係を深めていくなかで、マニュアルの一部を差し支えのない範囲で教えてもらった。重要なポイントは、①電話回線を絞る、②職員は自分の名を名乗らな

「J アート・コールセンター」のロゴ

電話対応するキュンチョメのナブチ

くてよい、③一〇分したら自動的に電話が切れる、の三点である。下手をすると、公共サービスの質を下げたとも言われかねないリスキーな試みだが、コールセンターの専門家に聞いても、これしかないという模範的なマニュアルだそうだ。大胆な改革によく踏み切ったなと思う。

県事務局がこの革新的な対応に踏み切ったことによって、Jアート・コールセンターの存在意義が出てきた。つまり、一〇分ではしゃべり足りない人が出てくる。そこで県の職員に、「まだご意見やご質問があるようでしたら、こちらの電話番号に——」とJアート・コールセンターの電話番号を伝えてもらうことにした。県の事務局や芸術祭を主催する自治体が、電話対応の方法やシステムを大幅に刷新することが、実はJアート・コールセンターを成立させるための重要な条件となっていたのだ。

こうしたプロセスの裏側で、準備は着々と進められていた。実は私が『あいトリ』に出品した作品は『パブリックスピーチ・プロジェクト』というものだったが、担当キュレーターの相馬千秋さんと相談し、『パブリックスピーチ・プロジェクト』の一部を「コールセンター」の作品化にシフトさせてよいという了承も得た。

こうした準備を経て、名古屋市内のウィークリーマンションに五本の電話回線を引いた。いよいよJアート・コールセンターが立ち上がった。

アートとアクティヴィズム

オープンする前から、すでにさまざまな批判が聞こえてきた。アーティストは孤独に作品を制作していればよい、芸術祭の運営と保守は自治体や警察の仕事であってアーティストが関係するのはおかしい、ボイコットや抗議運動をしないで対話や議論とはなんてヤワなんだ、芸術祭の実行委員会会長である大村秀章知事や芸術監督の津田大介さんを批判すべきなのに一緒になって何をやっているんだ……などなど。大雑把に分ければ、アートはアクティヴィズムではないという批判が一方にあり、アートは政治的アクティヴィズムであるのに手緩すぎてお話にならないという批判が他方にあった。そして後者の立場に立つ人たちからは、政治的になれないヤワな日本的アートということで、Japan の頭文字をとって「Jアート」などと揶揄されていた。

私自身、日々激変する状況に振り回されながら自分の作品制作そっちのけでコールセンター設立の準備をしていると、自分は何をしているのだろうかと迷うときもあった。ただ、アートとアクティヴィズムの関係については、東日本大震災のあと一年ほどかけて考えていた。そのときに出した答えは今も変わらないし、今回の行動もその延長線上にある。少し脱線するが、大事なポイントなので私の立場を説明しておきたい。

津波の襲来と福島第一原発の爆発をテレビで見てからというもの、私は人並みにパニックになった。演劇やアートなんてやっていてもしょうがない、反原発運動に加わるとか、被災地のボランティア活動に参加するとか、あるいはもっと社会の役に立つ演劇をつくるとか、自分の活動が現実にコミットできないだろうかと悩んでいた。震災から一か月が経った頃、真夜中に近所の公園に行くとすでに桜が満開で、白い花びらが月明かりにぼやっと光っていた。私は「桜の樹(き)の下には屍体(したい)が埋まっている！」という一節で始まる小説を思い出した。すると、桜の木の下にたくさんの死体が埋まっている幻覚に襲われた。その幻影が異様にリアルで、本当に死体が埋まっているに違いないと確信されたほどだった。

その後しばらくして、あるテキストに出会う。ドイツの演劇学者ハンス＝ティース・レーマンの書いた「揺さぶられる秩序――モデル・アンティゴネ」だ。

政治的なものの境界［限界］は時間である。政治は生きている者の時間に規則を与えることはできるが、死者とまだ生まれていない者たちの時間に規則を与えることはできない。

（ハンス＝ティース・レーマン「揺さぶられる秩序」林立騎(たつき)訳）

この文章を読んだとき、公園で見た桜の木を、そして木の下に埋まっている死体を思い出した。私は、現実を変えたいと思うばかりに、生きている人のみを対象とし、直接的な意味での政治にコミットしようとしていたのではないか。政治は死者やまだ生まれていない者をコントロールできないが、演劇であれば彼らにアクセスできるかもしれない。私は自らその回路を閉じて演劇の可能性を狭めてしまっていたことに気づいた。自分が試みるべきは、公園の桜の木の下に埋まっている死体を幻視し、その声に耳を澄ますことではないか。

もちろん死者の声やまだ生まれていない者たちの声を拾い上げることはできない。それは二つの意味で不可能だろう。一つには、死者の声を実際に聞くことはできないという意味で。もう一つには、その声を捏造することは許されないという意味で。私たちが生者である以上、死者を代弁することは許されないのである。ではどうすればよいのか。アンティゴネをモデルにその方法を考えてみよう。

『アンティゴネ』はソフォクレスによって書かれたギリシア悲劇の一つで、オイディプスの娘アンティゴネを主人公とする。彼女の二人の兄はテーバイの王位を争い相討ちの死を遂げた。テーバイの王となった彼らの叔父クレオンは、反逆者である一方の兄ポリュネイケスの埋葬を禁じ、それを破れば死刑だというお触れを出す。しかし、アンティゴネは自分の兄の死体に砂と水をかけめぐらす。埋葬した罪で彼女は岩穴のなかに閉じこめられ、そこで自ら命を絶った。

レーマンの解釈によれば、アンティゴネは政治的に何かに反対したわけでも、抵抗したわけでもない。死者を埋葬するという、政治的には意味のない振る舞いをすることで、実は政治の権力が及ばない「迂回路」をつくってしまったのだ、と。

『アンティゴネ』においては、家族の法、死者崇拝の法は、国家の法に対立するなんらかの個人の法をしるしづけているのではなく、政治的なものそれ自体の中に必然的にぱっくりと口を開く隙間を示している。二つの法的立場の対立が悲劇的衝突だというのは皮相的な見方だ。問題は政治的共同体(ポリス)の論理の宙吊りであり、政治的共同体(ポリス)の知を揺さぶること、その根拠を奪うことである。(ハンス＝ティース・レーマン「揺さぶられる秩序」林立騎訳)

この解釈は私にとって非常に大きな意味をもった。私がレーマンから学んだのは、非政治的な方法が最も政治的な演劇的態度になりうるという戦略だった。以来、アンティゴネが行った「埋葬」のような「非政治的行為」を発案し、「迂回路」を開くのが私の演劇的課題となる。死者やまだ生まれていない者たちが政治の爪に絡め取られてしまわないように、彼らの声なき声を解放する場をつくること。震災後の動揺のなかでそのことに気づき、その態度は今も変わっていない。

ただし、『アンティゴネ』とは異なる点もある。アンティゴネは舞台の上でその亀裂を生き、劇場のなかで「迂回路」を表象してみせたが、私は「迂回路」を社会のなかに開き、現実にインストールしたいと考えている。劇場でフィクションを展開することにさほどの興味はなく、フィクションを「プロジェクト」にしたいのだ。

「プロジェクト」とは虚（バーチャル）空間を実（リアル）空間へ重ね合わすことである。

（磯崎新「デミウルゴス　第13回　鼎制（一）」、『現代思想』二〇二〇年五月号、青土社）


虚と実を二重化する。私の興味はそこにしかない。

それはJアート・コールセンターのあり方にも通じている。半ばフィクショナルな作品として、半ばリアルに機能する芸術祭後方支援プログラムとして、いつでもどこでも外付けハードディスクのように接続可能となるよう、コールセンターの運営形態を合同会社にした。虚空間と実空間が二重化しているという意味で、Jアート・コールセンターはまさしくプロジェクトであった。


　さまざまな解釈があると思うが、アクティヴィズムとは、今ある現実を直接的な行動によって変革しようとする行為だと私は考えている。アクティヴィズムに「虚実皮膜（ひにく）の間（あいだ）」は不要だろうし、死者やまだ生まれていない者たちが問題になっているとも思えない。政治的なものに中断を入れるだけでは現実の変革として不十分だろう。アクティヴィズムが向き合うのは今の現実であり、生者が対象だからだ。もちろんこれは批判ではない。アクティヴィズムに対して、私は尊敬の念を抱きつづけている。ただ、アートとアクティヴィズムにはそれぞれ得意とする

「J アート・コールセンター」の様子

領分があり、その特性が異なることは自覚しておいたほうがよいと私は考えている。

コールセンターを開設するにあたって、アートはアクティヴィズムではないという批判を受けた。しかし前述のように、私の活動はそもそもアクティヴィズムでないのだから、その批判は当たらない。だからといって、政治的なものを回避しているわけではない。私が携わる演劇に話を絞ると、アンティゴネがやって見せたように、演劇は政治的なものがその境界で中断し、宙吊りになるように振舞うが、政治的なものを消し去ってしまうことはないからだ。見方を変えれば、間接的で、戦略的な「政治的アクティヴィズム」とさえ言える。

ただ、「非政治的な迂回路」を開いていく行為なので、一部の人たちから「Jアート」

と揶揄されたように、手緩いやり方と見られるのだろう。しかし、ただ対立を煽り、分断を深めるだけのやり方では、敵と味方に分かれて勝ち負けを争う政治闘争や法廷闘争と同じではないか。実際、『あいトリ』においても、政治的な闘争により断絶が生じ、事態が一向に動かなくなる局面があった。自分たちの正当性がかたくなに主張され、政治的な手練手管が駆使され、闘争に勝つことだけが至上命令とされる。私はそこに「正しさの暴力」しか見ることができなかった。それは裏を返せば、警戒心と猜疑心に覆われた世界だ。それより「Jアート」と批判されるときにイメージされているであろう「弱さ」や「甘さ」や「手緩さ」を、「柔軟さ」や「情」や「大らかさ」に変えて、対立や断絶を粘り強い対話や交渉によって乗り越えていくことに賭けたいと思った。その姿勢は「情の時代」という『あいトリ』全体のテーマにもふさわしいと感じた。

そんなわけで、「情(JO)」から頭文字の「J」をとって、「Jアート・コールセンター」と名付けた。

世間の声

Jアート・コールセンターが仮設されたウィークリーマンションの部屋の壁には、さまざまな注意書きやマニュアル類が貼られた。コールセンターをつくる過程でリサーチした他社のマニュアルもあれば、自分たちで考えたマニュアルもある。始める前は不安も大きかったので、マニュアルに従ったほうがいいと考えていたのだ。しかし最終的には、マニュアルを見るか否かを含め、すべて個人の裁量に任せることにした。自分の名前を言ってもいいし言わなくてもいい、長く話してもいいし途中で切ってもいい、自分の意見も言えるし場合によっては喧嘩をしてもいい――結局、マニュアルはつくったもののなかったも同然だったわけである。

『表現の不自由展・その後』を含むすべての展示が再開された日から会期終了までの七日間、毎日一二時から夜の八時までJアート・コールセンターはオープンしていた。かかってきた電話が一週間で七一八件、一件一件が長く、三時間半というのもあったから、かかってきた電話の四八パーセントしか取れていない。参加した「オペレーター」は三一名だった。代わる代わる三人ずつくらいのシフトで回していった。毎日八時間入っていたナブチさん（キュンチョメ）のような猛者もいるし、一回数時間入っただけの人もいた。ここに参加してくれた人全員の名前を挙げさせていただく（敬称略）。

壁に貼られた注意書きやマニュアル類

稲岡求、居原田遥、卯城竜太、碓井ゆい、遠藤幹子、大館奈津子、大橋藍、加藤翼、小泉明郎、小林麻衣子、佐藤未来、白川昌生、住友文彦、相馬千秋、高嶺格、高山明、竹下隆一郎、田中功起、田中沙季、毒山凡太朗、ナブチ、能勢陽子、平野由香里、藤城里香、ホンマエリ、前山千尋、アンドリュー・マークル、松田修、武藤隆、村山悟郎、吉開菜央。

　コールセンターにやってくるアーティスト、キュレーター、ギャラリスト、批評家、ジャーナリストの錚々たる面々は頼もしく、私は仲間意識を感じたし、一緒に活動できることがうれしかった。これは『あいトリ』全体を通して、とりわけReFreedom_Aichiの活動に言えたことだが、あのとき、あの場に、危機的状況でしか生まれないコミュニティが成立していたように思う。追い詰められてしんどかった面はあるけれど、かけがえのない友人たちと過ごす時間は宝物のようだった。

どういう内容の電話が多かったか。私の取った電話で最も多かったのは、大浦信行氏の『遠近を抱えて Part II』に対する苦情、とりわけ天皇の肖像を燃やすとは何事かという怒りだった。それに『平和の少女像』に対するクレームが続く。こういうものを展示するのになぜ公金を使うのか、公金を使わずにやるべきだという意見も多くいただいた。

人に不快を与えるもの、例えば「天皇の肖像」を燃やすといった作品を、パブリックな展覧会で展示しているのはなぜか、そのことに大きな怒りを覚えている人が多く、電話口で声が震えていたり、泣いたり、叫んだりしている人もいた。しかし大半の人たちは実際の作品を見ているわけではなく、実際に大浦氏の映像作品で焼かれているのは、昭和天皇の肖像ではなく、昭和天皇の肖像などをコラージュした自身の版画作品であることも知らなかった。聞きかじった噂とか、部分的にカットされたツイッター上の断片を見て電話をかけてきていた。

途中からChim↑Pomの『気合い100連発』に対する抗議の電話が突然増えはじめた。ツイッター上でもその話題が炎上していた。ツイッターと抗議の電話とがリンクしていることを実感させられた。ツイッターに流れる常套句をパッチワークするだけの、それこそマニュアルに従って喋っているのではないかと思われる人もいた。ただ、他方で、本当に自分で考えて、私たちに対する意見や批判を向けてくれる人もいた。真剣に耳を傾けるべき意見が少なくなかったことも確かだった。

ここで電話の声を個別に紹介することはしない。なぜなら、それらは一対一でなされた対話であり、たとえ怒りをぶちまけて終わった一時間であっても、そこにはある種の信頼があったと信じるからだ。組織的な妨害だけが目的の「電凸」はその例ではないが、少なくとも、Jアート・コールセンターを、意見を言うに値する場であると認めたからこそ、わざわざ電話をかけようと決断してくれた人もいたに違いない。その声を公表したり、二次的に作品に利用してしまうと、あのときの束の間の信頼関係が壊れることになる。それはJアート・コールセンターのあり方自体も否定しかねないと私は考えている。

こうした「世間の声」に対して、『あいトリ』に参加しているかどうかにかかわらず、多くのアーティストが自分の立場や考えをはっきり表明する必要を感じ、苦闘を強いられたのではないだろうか。とりわけ今回は、『あいトリ』に対して文化庁から補助金が交付されないことが発表され、あたかもそれが世間の声を代表しているかのような論調が多く見られた。

いったん採択の決まった補助金が「不交付」とされたのだ。これは、異例の事態である。

文化庁による補助金不交付決定

文化庁が不交付を決定した理由は、表向きは「申請手続において、不適当な行為」があったからとされているが、実質的には表現の自由への政治介入であると言える。私は日本とドイツを主な活動拠点にしているので、両方の現場に身を置く者として、「公共空間における文化」の問題をどう考えるか、両国の間にある大きな違いを比較せざるをえなかった。

日本では、税金を使う文化事業では、「多くの人が感動する」「みんなに喜ばれる」といった「マジョリティ（多数派）」の感情に寄り添った内容が歓迎される。それはJアート・コールセンターにかかってきた電話の声からも明らかで、なぜ多くの人が不快に思う表現に公金を使うのかという批判がたくさん寄せられた。少しでも「不快だ」といった声が上がると、それが問題のある表現であるかのように見られてしまうのである。その延長には、多数派を代表する時の政権が認める文化、好む表現は公的補助が受けやすく、逆に、政権にとって都合の悪い「少数派」の文化は排除されてもいい、とする流れがあるように思われる。しかし、それは税金の使い方として正しいだろうか。

ドイツの場合は逆である。

多数派とは異なる意見を発表すること、あるいは、小さな声を尊重するために公金を使うべきだという考え方が、ドイツの社会では共有されている。検閲や弾圧によって徹底的に異論を排除したナチスの独裁がどんな結果を引き起こしたか、あの悲劇を二度と繰り返さないために、第二次大戦後、彼らは歴史から学び、異論を尊重する社会をつくろうとしてきた。世界のアートシーンに大きな影響を与えつづけている国際美術展『ドクメンタ』は、退廃芸術という名でナチスによって弾圧されたアーティストたちの名誉回復を意図する展覧会として始まった。たとえそれが多数派にとって不愉快なものであっても、少数派のさまざまな考えや表現を発表する自由を公的資金で支えることによって社会の健全さを保つ。そのほうが社会という「身体」にとってよい。だから税金を使えるわけだ。

ドイツ同様、日本も軍部独裁下にあったことを私たちは忘れてはならない。当時、人々は、政治的な思想はもちろん、日常の身ぶりや言葉までコントロールされた。社会が一つの考え方に流れてゆくと、それは独裁を生み、ファシズムになる。そして突然、一挙に解体するのが全体主義国家の常である。反対していた人だけでなく、政権に賛成していた人も、みんなが不幸になる。やはり、多数派とは違う声を上げることは重要なのだ。

もう少し個別の事例を見てみよう。

私は、二〇一七年にフランクフルトの公共劇場のプロデュースで『マクドナルドラジオ大学』というプロジェクトを実施した。舞台はファストフード「マクドナルド」の店内。街中にある実際の店舗を訪れた来場者は、そこでラジオのイヤホンから流れる「講義」を聴くことになる。ラジオで話すのは、シリアやアフガニスタンなどからドイツに来た難民たち。彼らはこの大学の「教授」として、自分自身の体験をもとに、哲学、スポーツ、音楽、建築、メディア学など、一五の「科目」で知見や思想を語った。

グローバル企業の象徴であるマクドナルドで、当時爆発的に増加していた難民の話を聞く。そうすることで世界や社会の矛盾に向き合うプロジェクトだった。しかし、ここでもたくさんのクレームを受けた。劇場に通うリベラルな人たちのなかには、マクドナルドを嫌悪する人が少なくない。「そんな場所で演劇を、しかも難民問題と結びつけるなんてアートの自殺だ」という激しい拒否反応があった。劇場には抗議の電話が鳴り、新聞には反対する投書が掲載された。

そうした意見に私たちは耳を傾けるが、苦情があったからといって企画を変更することはない。異論は、あって当然なのだ。

最近、同じ劇場で、こんな例があったと聞いた。

劇場の主催で、建築家グループがフランクフルトの古い建物をめぐる町歩きツアーを企画した。歴史的建造物がどのようにリノベーションされ、活用されているかを見学するのだが、対象となった建物はどれも、ナチス時代を思わせる「伝統的ドイツ様式」に改築されたもの。そうした風潮を批判する視点で組まれたツアーだったから、地元議会の右翼政党の議員が抗議を始めた。ドイツの伝統を守る立場から、「そんなツアーはけしからん」というわけだ。

劇場は当然のように、予定どおり四時間のツアーを行った。そのうえで、劇場を四時間開放して、このツアーについてのシンポジウムを実施し、反対する議員や一般市民が賛否両論をぶつけ合ったのだそうだ。結論は出なかったらしいが、劇場という文化施設が、多くの人の多様な声が響き合う公共空間であるということがよくわかる例だと思う。

ドイツの場合、議員に直接乗り込まれるような「物議をかもす」企画の実施を支えているのは「法律」である。ドイツの公共劇場では劇場長（責任者）と弁護士と警察が緊密に連絡を取り合い、「いかに警察に介入されないで済むか」を考え、さまざまな事前準備をする。表現の自由を、法律で守っている。どんなに多数派や政治家が気に入らない表現でも、法律に違反しないかぎり守るべきは守る、という姿勢である。

それに比べて、日本では、根拠のはっきりしない「世間の声」が法律より上にあるように思えてならない。声の大きな人たちが「自分たちが多数派だ」「これが世間の常識だ」と主張して、異なる意見を封じ込めようとする。政治権力がそれと一体化している。

今回の『あいトレ』の補助金不交付では、文化庁がそうした「世間の声」に寄り添う決断をしてしまった。そもそも、脅迫も含む「電凸」が問題の発端なのに、その法的な問題は脇に置かれ、政権が「世間の声」を利用し、そこに乗っかる形で、まともに説明のできない「超法規的な判断」を押しつけてくる。「表現の自由」という、憲法のなかでも特に重要な項目にかかわる問題であるにもかかわらず、それを飛び越えて「多数派」の声が力を持つ。これはきわめて危険な状況である。こうした検閲の先にあるのは、一つの方向に統合され、多様な考えが許容されない社会、異なる意見や小さな声が排除される社会だろう。

「パブリック」が立ち上がる瞬間

芸術祭のコールセンターはパブリックなサービスである。Jアート・コールセンターも、合同会社ではあるが、『あいトリ』に参加している作品でもあるという意味でパブリックな側面を持っている。

しかし、電話というメディアは不思議議で、パブリックな場であるはずなのに、話しはじめた瞬間、一対一関係のプライベートな性質を帯びてくる。しばらく話していると怒りの声がクールダウンしてきて、なんとなくこちらの意見を言ってもいいかなという瞬間が訪れたりする。でも意見を言った途端、再び怒りが蘇ってきて爆発されたりもする。それでも、自分も相手も意見を言い合っている状況が電話という一本のライン上で共有されていることで、面と向かって会話しているのとは違う体感がたしかにあった。それで「長い時間おつかれさまでした」などという言葉がどちらからともなく出てきて、電話が終わったりする。そんなときは奇妙な感情に襲われた。たとえ自分とは異なる意見であっても、声が交わされているのだということを、強く実感した。

コールセンターを始める前は、自分の意見を言って説得してやろうという意気込みで臨んだが、私の場合、途中からそうした気持ちがなくなってしまった。むしろ、説得という方法はうまくないと感じるようにすらなっていた。説得には、正しい立場に立っている前提の人間が、間違っている相手を説き伏せたり、諭したり、というイメージがある。考えてみたら、こんなに非対称的なコミュニケーションはない。お互いが相手のことを説得しようとすれば、対立は激化し、断絶は深まる。そもそも説得は対話ではないだろう。電話での対話は、異なる意見をぶつけあい、勝ち負けを競いあう討論ではない。

もちろん、ヘイト発言を連発したり、歴史修正主義を押し付けてきたりする人がいなかったわけではない。実際のところ、かなりの人数がいた。そういうときは、その主張は認められないと突っぱね、相手も激昂し、喧嘩になって電話が終わることもあった。私以外にも、口論になり、こちらから電話を切ってしまうオペレーターがいた。お互い感情的になると、電話が成り立たなくなってしまう。だが、こちらも黙っていられなかった。

相手の意見に対して、間違っている、認められない、と思っても、相手が自分の信念を語っている、そう感じたときは話をひたすら聴くこともあった。そうした相手には高齢者が多い印象で、普段話を聞いてもらう機会がないのではないかと感じられることもあった。相手の声に耳を傾けていると、自分が、相手を写す鏡のようになってくる。相手はずっと喋っているわけだが、受け身の態度に徹することで、相手に相手自身の言葉を返しているようだと思った。自分の言葉や考えを、少し距離をとって相対化して眺めるという点において、そのやり方は、説得などよりよほど有効なのではないかと感じた。それも二人きりだからできることである。

一人から二人になる。二人になったとき、自分と相手の間に、「間」というくらいだから、空間が生まれる。そこに別々の声が乗る。この「間」こそが「パブリック」というものの出発点かもしれないと感じる瞬間があった。正義や改革を声高に主張する人から見たら受け入れがたいヤワなやり方だろう。しかし、人の意見を聞く、対話をする、声を交換する、これは本当は一大事なのだ。こうした、一見すると受け身な態度からパブリックを考えていく必要がある。対話が完全に成り立っていたと言えば嘘になるが、実は対話が成立することよりはるかに重要なことは、意見が異なる者同士が言葉を交わすことであり、二つの異なる声をそれぞれの間に置くことだった。そのとき、「一人」が「二人」になるという極小な形ではあるけれども、「パブリック」な時空間がJアート・コールセンターのなかに芽生えていたのだと思う。異なる声であってもそれが一つの場に置かれることに、そして複数の声が共存することに、私は政治的対立を超える「迂回路」を見たのだった。

声を聞くということ

ここで「声を聞く」ということについて少し触れておきたい。

一般的に、演劇をつくっている人は発話や発声にこだわる。一つの舞台をつくるのに何週間も何か月も稽古するわけだが、台詞（せりふ）の言葉をどのように発話するかは役を演じるという意味でも重要で、演技の核に通じている。だから「稽古＝声の発見」になることも多い。私の場合もそうだった。発声の方法からある一つの言葉をどう声にするかまで、突き止めようとすればするほど新しい課題が出てきて、本当に切りがなかった。だからこそ面白く、演劇制作においてもっともやりがいのある作業とも言えた。私の場合は、人の心理や人間関係や台詞が発せられる状況を表現することにのみ奉仕する声ではなく（そうした声は声自体としては響かずに何らかの目的のなかに消える）、むしろ声を声そのものとして、声というモノとして響かせるにはどうすればいいか、そして台詞の意味内容からどうやって声を独立させるかという点に興味があったので、次第に「発声」そのものではなく、声が「発生」する場のありようへと関心が移っていった。

声が発生するためには必ず空間（空洞）が必要になる。そこで、その条件を物理的、建築的、社会的側面から探るようになっていった。いろいろな作品で試みるうちに、世界にはさまざまな声があふれているのにもかかわらず、つまらなく聞こえてしまったり、陳腐なものとして無視されたり、聞く価値のないものとして耳を傾けてもらえなかったり、単純に声が響く空間がないせいで聞こえなかったり、声はその存在を忘却されているだけではないかと考えるようになった。ならば未知の声を新たに発生／発声させるよりも、聞かれていない声を聞こえるようにする仕組みを考えたほうがいいのではないかと発想を転換したようなのだ——「ようなのだ」などという言い方をするのは、探っているときは意識できなかったからで、ただ、今になって自分の活動の変化を振り返ってみるとそうとしか思えないところがある。私は二〇〇九年に『雲。家。』（エルフリーデ・イェリネク作）という作品を演出したのを最後に、とうとう舞台づくりをやめてしまった。『雲。家。』という戯曲の力はすさまじく、その言葉を異物として日本語に移した林立騎さんの翻訳は見事だったし、なにより暁子（あきこ）猫（ねこ）の傑出したパフォーマンスによって、声が声そのものとして劇場空間に響いたのだった。この上演によって、それまで探求してきた声の演劇はある部分で達成されたと感じたことも、舞台から離れるきっかけになった。

私はそれ以降、普段は聞こえない声を聞こえるようにする「装置」の発見や、そのための「環境」づくりに邁進するようになる。おそらくその姿勢はいまだに変わっていない。Jアート・コールセンターも声を聞く装置だと言えるだろう。普段は聞くことのない声を聞くために、コールセンターという環境をつくったわけである。

「普通の人」

Jアート・コールセンターについて取材を受けると必ず尋ねられるのが、電話をかけてきた人の特徴や分類で、そのたびにうまく答えられない自分がいた。私が受けた電話はせいぜい一五人くらいだから、とても一般論のような形でまとめることはできない。実際、一人一人の意見や声のトーンは異なっていて、「ネトウヨ」と一括りにしてしまってはいけない気がした。むしろ、そういった分類に抗おうという必死さを感じることもあった。しかし、できるだけ型にはめないよう気をつけていても、気になってしまうしょうがない共通点もあった。それは「普通の

電話対応するアンドリュー・マークル

人」という言い方である。「私は普通の人で、普段は抗議の電話などしないのだけれど、この件についてはどうしても意見を言いたい」と電話をかけてくる人が多かったのだ。

そういう人は「普通の人」だから、全体としては謙虚な印象を受けた。おそらく普段の生活においては、わざわざ事を荒立てるようなことはせずに過ごしておられることが想像された。しかし、「この件について」は、おそろしいほどかたくなだった。その「件」は、天皇制であったり、従軍慰安婦問題であったり、公金で展覧会をやることであったり、それぞれ異なるのだが、「この件について」は絶対に譲ろうとしない。相手を真っ向から否定する。そこに躊躇や留保はまったく見られなかった。乱暴なのを承知で一括りにまとめてしまうと「謙虚なのに傲慢」という捻れたあり方だった。

全体としては「普通の人」なのだけれど、個別の事柄については絶対に自分が正しく、相手が間違っている。その確信はどこからやってくるのだろうか。何をもって自分が絶対的に正しいと信じることができるのだろうか。

私は、大学時代に師事していた「生活のなかの哲学」の提唱者・牧野紀之さんから出された問いを、数十年ぶりに思い出していた。

自分は絶対に正しいと思っている人が、ひょっとしたら自分は間違っているかもしれない、と疑問をもつためにはどうすればよいか?

人はどうすれば自分の正しさを疑うことができるのか? 「自分の正しさ」というときの「自分」には、当然ながら私自身も含まれるので、その難しさは承知していた。当時は答えの端緒さえ思いつかなかったが、今回Jアート・コールセンターを設立し、電話対応したことを通じて、長年演劇活動をしながら考えてきたことが、新たな思考につながっていった。

距離と二重性

コールセンター内に設置されたパソコンの前に座り、緊張しながら電話がかかってくるのを待つ。呼び出し音が鳴ると覚悟を決めてボタンをクリックし、「はい、Jアート・コールセンターです」と言って通話を始める。同じ部屋のなかにはコールセンターの仲間がいて、説明していたり、話を聞いていたり、困っていたり、場合によっては怒っていたりする。

電話の向こうの相手と一対一で対話しているのだが、それと同時に、同じ空間にいる人と状況をシェアしている感覚もあった。自分の声は、電話の相手だけでなく、まわりにいる人たちにも聞かれている。すると自分を突き放して見ることができるようになり、自分のいる状況に距離を持つことができた。その距離が、感情的になるのを抑えたり、恐怖心を和らげたりしてくれた。私たちは「Jアート・コールセンター」という舞台の上で、コールセンターのオペレーターを演じているのだ。それを常に他の誰かが観てくれている。オペレーターは演者でありながら、別のオペレーターを見る観客でもあった。演じあい、観あう関係のなかで、演劇的状況がリアルに展開していく。そこで発せられる言葉は台詞ではなく、真剣でリアルな対話なのである。刻々と変わっていく対話は、筋書きのない「ディアローグ」だった。いや、ここで演劇のディアローグに回収してしまうことは、その意義を狭めてしまうだろう。ディアローグ以上に、異なる声が響き合う場であったはずだからだ。そのことのほうが、演劇的に見てもずっと大事なのである。

Jアート・コールセンターが持つ「虚（ヴァーチャル）」と「実（リアル）」の二重性についてはすでに述べた。つまり、コールセンターは、演劇作品であると同時に合同会社の事業でもあった。それは私たちの振る舞いにも通じていて、演技でありながら実際の対話でもあるという二重性を成り立たせてくれた。

コールセンターで苦情を引き受けるのは、普通に考えれば相当にきつい作業である。実際、電話対応を強いられていた県職員は多大なストレスを抱え、疲弊し、三日間で『あいトリ』の存続を危うくさせるほどの極限状態に追い込まれた。これは個人の許容量や我慢強さといった問題ではない。パブリックが一瞬にしてプライベートに転換し、物理的に声が耳のなかに侵入してくる電話というメディアで、一日中、何時間もクレームの声を聞かされつづけたら、誰だって正気でいることは難しいだろう。

しかし、Jアート・コールセンターはそうした事態にならなかった。もちろん、アーティストは自由で気楽だし、好きなことを言えるからという理由が大きい。それでも、自宅で一人きり、Jアート・コールセンターの枠組みなしで電話対応していたら、なかなか耐えられなかったのではないか。危機的事態になるのを回避できたのは、私たちが自分の置かれている状況に対して距離を取れたことと、相手や自分の（声の）振る舞いを「演技」として相対化する視点を持ちえたからだと思う。

また、演技の要素が入ることで変化を被るのは、自分だけではない。電話の相手との関係にも影響を及ぼしてくる。たとえ相手が激昂し、罵倒の言葉を浴びせかけてきたとしても、それをも「演技」として見る視点が生まれるのだ。電話越しの罵声を聞きながら、私は、自分が怒りに震えていたときのことなどを思い出していた。誰かに怒りをぶつけ、責め立てた経験は誰にでもあると思うが、そのときの自分と、今自分を怒鳴っている相手とが重なることで、自分の過去を振り返りながら相手の立場に身を置くという、かなり不思議な感覚を持った。誤解を恐れずに言えば、「役」を交替するイメージを持てたのである。

この距離と二重性は、「人はどうすれば自分の正しさを疑うことができるのか?」という問いへの、一つの回答になりうると感じた。

そのヒントは、ブレヒト教育劇の演劇論・演技論にある。

ブレヒト教育劇

ベルトルト・ブレヒトというドイツの劇作家・演出家・演劇理論家がいる。一八九八年に生まれ、若くして成功したが、ナチスの擡頭とともに国を追われ、一九三三年から一五年間の亡命生活を送った。一九四八年に東ドイツに戻り、五六年に亡くなるまでベルリナー・アンサンブルという劇団を率いた、二〇世紀最大の演劇人の一人である。数々の傑作戯曲の書き手として知られているが、私がもっとも影響を受け、未来への可能性を感じるのは、ブレヒトが亡命の途上で中断せざるをえなかった「教育劇」という試みである。

教育劇とは何か。ブレヒト自身は次のように書いている。

教育劇とよばれる作品は、演ずる者にとって学ぶところのある芝居を云うのだ。したがって観客は必要としないのだ。

(岩淵達治「ブレヒトの教育劇について」中の引用より、『ブレヒト教育劇集』岩淵達治訳、未來社)

「教育劇」というと啓蒙っぽくなるが、英語に訳すと「ラーニング・プレイ」。要するに「学ぶ演劇」だ。教育劇と呼ばれる一連の短い戯曲群があって、それが教育劇だと誤解されることが多い。いや、たしかにそれが教育劇なのだが、戯曲群のみをもって教育劇とするなら、すでにその有効期限は切れてしまっているように思う。その戯曲群を、どこで誰がどのように上演するかという側面も含めて捉えなければならない。私の関心はそうした戯曲としての側面よりも、教育劇が目指した理念にある。そこに未来の演劇の可能性を感じ、これまでも自分の活動の一つの軸にしてきた。

　モデルを与えて観客を一つの方向に持っていく教条的な演劇、と近代的な誤解を受けている教育劇だが、実は、その可能性はまったく逆の方向を向いているように思う。これは自分の頭で教育劇の上演に取り組んだ者ならば実感できる事柄だろう。一見単純に見える戯曲が、舞台化を前提として付き合いはじめると、矛盾の束のような様相を呈してきて、どうにもならないような気持ちにさせられるのだ。そこで気付くのは、本来の教育劇は「上演不可能」なのだという事実、つまり、舞台があり、その上に作品があり、客席には作品を鑑賞する観客がいて……というような上演を成立させないためにこそ、教育劇は書かれたのである。

　ブレヒトは教育劇を携え、劇場ではなく、学校や工場に出向いた。プロの役者ではなく生徒や労働者によって、役は入れ替わるべきものとされ、演じる側と見る側の区別はなく相互の交換可能性が求められる「演劇」。作品制作というより、学校や工場を学びの場に変えるワークショップのイメージに近いかもしれない。

　ブレヒトは教育劇の試みにおいて、観客を否定している。正確に言えば、観客の存在は保持されるのだが、観客的なあり方は退けられる。単純に演じる側への移行という場合もあるが、他の誰かが演じるのを見ているときも「観客」を演じることが求められる。いずれにせよ、考える参加者として創作と学びのプロセスに関与するわけだ。

　教育劇が学校や工場で試みられると、どんなことが起きるだろうか。学校や工場には、当然ながら、すでにできあがった制度や権力関係がある。参加者はその世界のなかで生きている。そこに教育劇がインストールされ、学生や労働者が学びながら別の世界を、つまり教育劇の戯曲が持っているフィクショナルな世界を演じていく。現実の日常世界と戯曲の虚構世界という、二つの世界が重ねられると、普段見えていると思っていた日常世界が実は不可視であったことが明らかになる。虚構世界が鏡のように機能することで、日常世界が異なる様相で浮かび上がってくるのだ。二重化によって距離が生じ、二つの世界がお互いを映しあうのである。しかも戯曲としての教育劇は、どの作品も個人と共同体（村、党、国……）の関係や、共同体のなかの権力関係を問題にしているから、それを補助線に、自分が生活している学校や工場のあり様を批判的に捉えなおすことが可能になる。すると当たり前が当たり前でなくなる。

例えば、同じ人物が、共同体のルールに背く人を演じたり、反対に、ルールを守ることを強いる体制側の人を演じたり、あるいはその二つの立場を見比べ、どちらが正しいかをジャッジする「観客」になったり、役や立場を入れ替えながら演劇をつくっていくならば、たしかにそのプロセスは豊かな学びの場になるだろう。上から教わるでもなく、外からなぞるでもなく、虚構世界を生き、日常世界を別の視点で観察しながら、自分たちの置かれた状況を再認識する「学びの演劇」が教育劇だったのである。

このプロセスにおいて演技は重要な役割を果たすが、では、ブレヒトが目指した演技とはどういったものだったのだろうか。

ブレヒト的演技

通常、「いい演技」と言われるとき、俳優の存在は透明なほうがいい。例えば、ハムレットを演じる俳優は舞台上にハムレットを出現させるべきであって、その俳優の素が表に出てしまっては下手な演技だと言われる。俳優は役に同化することが求められ、役を生きることが理想とされる。

ブレヒトは、そうした演技のあり方に異を唱えた。

俳優はひとつの事柄を呈示して見せなければならない、と同時に自分を呈示して見せなければならない。彼はもちろん、自分を呈示して見せることによって、その事柄を呈示して見せる、と同時に、その事柄を呈示して見せることによって、自分を呈示して見せるのだ。これらの二つの使命は重なりあうのではあるが、しかしやはり、両者の差異が消えてしまうほどぴったりと重なりあってしまってはならない。

このブレヒトの引用はなかなかイメージしづらいかもしれないが、ヴァルター・ベンヤミンの言い換えが的確だ。

〔…〕俳優は、技法的にその役から抜け出せる可能性を、つねに保持していなければならない。俳優はどんな場合でも、（自分の役について）考える者を表に出すことに、あくまで固執すべきである。

（以上、ヴァルター・ベンヤミン「叙事演劇とは何か」『ベンヤミン・コレクション1　近代の意味』浅井健二郎編訳、久保哲司訳、ちくま学芸文庫）

ブレヒトは、俳優は役に同化すべきでないと考えた。それどころか、役と完全に一つになることを禁じた。役を生きたり、役に感情移入したりするのではなく、役に距離をとり、俳優である自分の判断を示したり、自分が演じている役を説明したりすべきだと考えた。いつでも役から抜け出し、役に中断を入れ、「身振りを引用可能にすること」（ヴァルター・ベンヤミン「叙事演劇とは何か」中の引用より）。そのとき「身振り」は、俳優その人と観客によって批評の対象となり、検証されることになるだろう。

ブレヒトがこの演技法にどれだけ賭けていたかを示す逸話がある。彼は亡命中のドイツ人俳優にナチス親衛隊の役をやらせたというのだ。自分の家族や同志を殺している人物に感情移入し、一体化するなどということはありえない事態だろう。しかし、役に対して距離を取るブレヒトの演技法ならば、それが可能になる。役であるナチス親衛隊の人物になりきる必要はなく、その人物を考察と批評の対象として呈示すればよいからである。

教育劇としてのJアート・コールセンター

この演技法が、ブレヒト教育劇を成立させる鍵になる。教育劇が目指す二重世界を出現させるためには、演技者もまた二重化されなければならない。これは演劇に限ったことではなく、私たちの生活全般に関わってくる事柄ではないだろうか。

ブレヒトが教育劇を発見し、演技法まで考える必要に迫られたのは、すでに人々の生活を飲みこみ、熱狂的に支持されはじめていたナチスに対して、いかにすれば人々が疑問を持ち、中断を入れることができるかという強烈な問題意識があったからだ。ファシズムの進行に中断を入れる手法として、「距離」の創出と世界の「二重化」があった。「人はどうすれば自分の正しさを疑うことができるのか?」という問いへの演劇的回答こそが、教育劇だったのである。

なにも特別な演劇論や演技論を持ち出す必要などないのかもしれない。というのも、私たちが生きていくうえで、「距離」と「二重化」の大切さは常に言われつづけているからだ。ここで私は再び、牧野紀之さんの「生活のなかの哲学」という思想に立ち返らなければならない（牧野紀之『生活のなかの哲学』鶏鳴双書参照）。

ブレヒト的演技の特徴を私たちが普段使う言葉に翻訳すれば、「自分を突き放して見る」と「他人の身になって考える」ということになりそうだ。この二つは人間が演技する動物であることと密接に関係し、ともに大切な能力だとされている。しかし、その難しさは誰もが痛いほど知るところだろう。「ブレヒトはやり直しの名人である」と言ったのはベンヤミンだが、ブレヒト教育劇もまた、私たちの生活のなかにもともとあった知恵、「自分を突き放して見る」と「他人の身になって考える」という技術を演劇的に抽出し、「やり直し」させる試みだったのではないだろうか。

今回『あいトリ』での騒動がきっかけになり、現実に応答すべく即興的にJアート・コールセンターを開設し、抗議の電話を受ける機会を得た。そのように自分の体験を考察していくなかで、Jアート・コールセンターは、まったく形は異なるが、ブレヒト教育劇を現代に継ぐ試みだったのではないかと思うようになった。虚構の「コールセンター」と現実のコールセンターの二重化、オペレーターという役を演じながらもその役や状況と距離のある「演技」、「普通の人」との対話によって思い出された「人はどうすれば自分の正しさを疑うことができるのか？」という問い、そうしたことすべてが交錯する場としてJアート・コールセンターは存在した。それはある意味「学ぶ演劇」であり、教育劇の現場そのものだったのである。

「文化を殺すな」

とはいえ、Ｊアート・コールセンターには批判されてしかるべき面も大いにあった。

ここで一枚の写真をご覧いただきたい（次頁参照）。これは大阪万博のお祭り広場に並んだ警備員の人たちである。警察官のような制服を着て、太陽の塔の前に整列している。警備の訓練をしているところかもしれない。一九七〇年の大阪万博では、民間による警備が導入された。請け負ったのは一九六五年に設立された綜合警備保障である。この民間による警備の誕生の瞬間を写真家の東松照明（しょうめい）は見事に捉えていた。

東松照明のこの写真には、都市の祝祭ならびに国家的なイベントとしての大阪万博、そしてセキュリティの新しい方法を体制側が生み出した瞬間が明晰に捉えられている。これはまさに事件である。この写真は『あいトリ』におけるＪアート・コールセンターのあり方にも関連するのではないだろうか。

この写真を見ながら、Ｊアート・コールセンターを立ち上げた私たちは芸術祭においてどの

東松照明《日本万国博覧会 大阪・千里》1970年

ような立場に立っていたのだろうかと考える。ひょっとすると綜合警備保障と同じく、私たちは制度側に立っていたのではないかという疑問が湧いてくる。かかってきた電話が暴力であるか意見であるかをジャッジしたり、組織的な暴力による電話は取らなくていいと一方的に切ってしまったり、芸術祭のセキュリティ問題を一生懸命考えたり、実際に展覧会場で警備に当たったりと、通常の芸術祭であればおよそアーティストが関わらないような事柄に突入していった感がある。Jアート・コールセンターだけでなく、ReFreedom_Aichiの活動には、制度を守り、秩序をつくろうとした面があった。その意味で、私たちがやったことはやはり「綜合警備保障」の側に片足を突っ込むような性質をたしかに持っていた。一般的な芸術観やアーティスト観か

毎日新聞に掲載された、警官に取り押さえられた直後の糸井貫二

らしたら、これは批判されてしかるべきということになるだろう。

　ここでもう一枚の写真をご覧いただきたい。大阪万博のお祭り広場を疾走したダダカンこと、前衛芸術家の糸井貫二さんである。ダダカンさんは、たった一人、国家の祝祭に全裸で突入した。そして警察に取り押さえられた。しかし、現在であればもっと手軽に、電話一本でそれができてしまうだろう。集団になって、顔を見せず、ダダカンさんのような「犯罪者」になることを回避しながら、電話で突入して芸術祭全体を揺さぶる。個人が国や県といった共同体に揺さぶりをかけるという意味において、電凸はダダカンさんの大阪万博突入に通じる部分もあったのである。

　Jアート・コールセンターは、そうした電凸に対して「綜合警備保障」のように「警備」したのでないか。個人の意見と暴力とのあいだに線引きをし、暴力は相手にしない、もしくは切り捨てることで相手の力を弱めることに加担した動きだったと言えるだろう——ちょうどお祭り広場でダダカンさんを取り押さえたように。自分たちが「取り締まる」側なのか、それとも「逮捕される」側なのかという問いが、私たちに突きつけられている。そしてJアート・コールセンターは「取り締まる」側に与する面を明らかに持っていた。

ここで別の写真（撮影＝羽永光利）を見てみよう。ダダカンさんが「殺すな」と書かれた紙を持って歩いている。『ワシントンポスト』に掲載された「ベトナムに平和を！市民連合（ベ平連）」の反戦広告に影響を受けたダダカンさんが、「殺すな」という字を掲げて路上パフォーマンスを行ったときの記録写真である。この「殺すな」という言葉は、ReFreedom_Aichiが署名を集める際に用いたキャッチフレーズ「文化庁は文化を殺すな」の元になったものだ。Jアート・コールセンターをつくる際も、「文化を殺すな」という言葉は意識していた。私たちは「表現の自由」を守るんだ、政治介入や暴力による介入から表現を守るためにコールセンターをつくって矢面に立つんだ、という気持ちもたしかにあったのである。

ダダカンによる「殺すな」路上パフォーマンス

Jアート・コールセンターは、一方で「殺す」側に片足を突っ込んでいたという面があり、他方で、ReFreedom_Aichiの活動の一部として「殺すな」というメッセージを引き受ける面もあった。制度を守ったり、秩序をつくったりする行為と、ダダカンさんの疾走行為や「殺すな」パフォーマンスに見られる個人の表現との間にあるディレンマ、そこにある緊張関係をどう考えればいいのだろうか。

演劇の歴史を振り返ることでこの矛盾について考察していきたい。

神話と悲劇

ここにアテネの古代ギリシア劇場の写真がある。神殿のあるアクロポリスの丘の斜面を利用してつくられたディオニュソス劇場である。建設された当初は木造だったらしいが、紀元前四世紀に石造りに改修された。アテネでプロジェクトを行っていた際、アクロポリスとこの劇場によく足を運んだ。初めて訪ねたときに何よりも感動したのは、観客席に座ると舞台の後ろにアテネの街が一望できることだった。「なるほど、ここに集った観客は、舞台を見ながらその後ろに見える街のことを考えていたのだな」と腑に落ちた。つまり劇場に集められ、舞台を媒

ディオニュソス劇場

介としてその背景にある都市国家アテネのことを考える場が劇場だったのだ。そのことを肌で感じることができた。

劇場の客席部分は「テアトロン」と呼ばれていた。文字どおり「見物する場所」を意味する。「テアトロン」という響きからも明らかなように、「シアター」「テアーター」「テアトル」などの語源であり、「見物席」という部分が「劇場」全体を表すことにより演劇一般を意味するようになった。「シアター」や「演劇」という言葉を聞いて多くの人が頭に思い浮かべるのは舞台だと思うが、元を辿ると実は観客席のことだったのである。「テアア」というのは「観る」ことだから、観るという振る舞いが演劇の中心にあると当時の人は考えていたのだろう。また、もともとギリシア悲劇が上演されていたのは市民集会が開かれていたアゴラ（中心広場）だったから、何かを考え、決定する場というイメージも強かったはずである。多くの人が集まり／集められ、街の現状や課題について考え、議論し、何らかの意思決定をする。別の言い方をすれば、都市国家のガイドラインを共同でつくる場が古代ギリシアの劇場だった。

さらに述べると、「市民」というものがつくられる場も劇場だった。古代アテネの場合だと、劇場で観劇することができたのは、同盟を結ぶ他の都市国家から招待された使節を除けば、アテネに暮らす成人男性のみだったという説がある。逆に言うと、女性、未成年、外国人、奴隷は排除されていたことになる（このことの政治的意味については第二部で詳しく考える）。

では舞台とは何か。それはテアトロン（客席）とポリス（都市国家）とを媒介する装置だった。舞台上で上演されていたのはギリシア悲劇であり、ほとんどの演目がギリシア神話から着想を得ている。劇場に集まった「市民」はギリシア神話をデータベースとして共有していた。劇作家はそのデータベースを参照しながら、「今は戦争の最中だから、この神話からこの部分を引っ張ってきてみんなに考えてもらおう」とか、「この神話のこの部分にこうした注釈や批評を加えるとアテネの現状について考えてもらえるかな」といった具合に悲劇を書いていたのではないかと思われる。

こうしたギリシア悲劇は、「大ディオニュシア祭」という、都市国家アテネが主催するパブリックな演劇フェスティバルで上演された。現在私たちが読むことのできる現存するギリシア悲劇は、アイスキュロス、ソフォクレス、エウリピデスによって書かれたものだけだが、それらは例外なくこのフェスティバルで上演されたものである。つまり私たちの知るギリシア悲劇はすべてアテネ悲劇というわけだ。これには二つ理由がある。一つは、アテネが他の都市国家に対してその富と権力を誇示するため、劇を記録に残そうと意図したこと。もう一つは、大ディオニュシア祭が終わった後、コンテストに不正がなかったかを一同で確認したそうで、戯曲が残っていると公平性が増すというのが理由だったらしい。上演は三人の悲劇作家が優勝を競うコンテスト形式で、審査はアッティカの一〇の部族より選出された一〇名による投票で行われた。

コンテストの優勝者はたいへんな栄誉を受けたようだから、劇作家は勝つためにさまざまな工夫を凝らしたことだろう。それは審査基準をクリアしながら、人々にウケなければならないことを意味した。主催者側からすれば、審査基準の方向を定めることで、劇作家の向かう先をある程度コントロールすることができたに違いない。時の僭主(せんしゅ)ペイシストラトスは大ディオニュシア祭の発案者であり、かつ、ギリシア悲劇から外国語や方言を排除する方針を打ち出した人物だった。混乱していた『オデュッセイア』と『イリアス』を集成するよう号令をかけたのが、同じペイシストラトスだったことは偶然ではないだろう。

大ディオニュシア祭は「市民」にとって最大の娯楽だったが、同時に政治イベントでもあった。都市国家アテネの秩序をつくり、そのアイデンティティを形成し、他の都市国家にアテネの優位性を誇示するのである。劇作家も、ギリシア悲劇も、そうした動きに力を貸し、大きな貢献をしていたに違いない。ところが、その作品に一度でも触れたことのある者ならわかるように、ギリシア悲劇の多くは秩序の源であるギリシア神話への注釈や批評であり、神話に強烈な揺さぶりをかけてやまないのである。

神話は、ものごとに順序を与え、秩序をもたらし、この世界をよく理解できるものにする。叙事詩が物語としてモノローグ形式で語られることで、さまざまな権力が配置しなおされ、一つの歴史体系がつくられる。だから神話は物語なのである。

ところがギリシア悲劇は物語ではない。神話という物語を素材にしてはいるが、そこには複数の役があり、複数の発話がある。世界を一人の語りによって統べるモノローグから、響き合う複数の声への転換が悲劇の〝革命〟の本質だった。ギリシア悲劇の特徴として強調される対話やディアローグはその結果にすぎず、複数の声が共存することの重要性に比べたら、近代的発想が後付けで価値を与えたおまけにすぎない。

ギリシア悲劇の発達の歴史は、ギリシア神話という物語からの逸脱の歴史であった。劇作家たちは、ギリシア神話の世界を表現しながら、そこからの逸脱をアクロバティックにやってのけた。そのとき、神話は複数の声に解体され、役に分裂した神や人間を演じる俳優が発話の主体として誕生した。この演劇的「主体」が、はじめから分裂を孕んで生まれてきたことは注目に値する。分裂しているからこそ、一人一人の「声」になりえたのだ。

ギリシア神話をデータベースとして共有する観客の経験に変容をもたらした、ギリシア悲劇のもう一つの特徴を見てみよう。ここで再びハンス＝ティース・レーマンの言葉を引用したい。

神話の物語は、人間が与えられた権力秩序に無抵抗に順応する様を示す。〔…〕悲劇における悲劇的なものとは、神話を意識する瞬間である。意識化によって視点が入れ替わる。〔…〕神話に呪縛された不自由な人間は、悲劇においても不自由なままで変わらない。だが悲劇の言説の意味は、人間が初めてこの不自由を視野に入れることなのである。ニーチェの偉大にして簡潔な断言はこの意味において解釈しなければならない。すなわち「世界を苦しみの側から理解することこそ、悲劇における悲劇的なものである」。視点の入れ替えと理解の仕方の変換こそ、〔…〕神話からの解放の実践の特徴なのである。

（ハンス＝ティース・レーマン『演劇と神話』林立騎訳）

悲劇作家たちは秩序のもとになっている神話世界を表現すると同時に、神話からの解放も推し進めた。その解放とは、運命という神話的暴力を意識し、ためらって立ち止まり、その地点から世界を理解しなおすことであった。ここでも、たとえそこには苦しみと無力感しかなかったとしても、神話から人間の側に「主体」を移すことが意図されていた。しかしその「主体」は、神話の語り部が複数の役に分裂したものであることに加え、その役の一人一人は、父を殺したり、母を犯したり、狂気に陥ったりするようなアウトサイダーであり、内にも分裂を抱えた、文字どおり悲劇的な「主体」であった。

つまり、ギリシア悲劇はギリシア神話を二重の意味で解体したのである。一つは、複数の発話／声への解体であり、もう一つは、世界をどの地点から理解するかという視点の入れ替えによる解体である。

また、ギリシア悲劇が都市国家の秩序形成に貢献したことも忘れてはならないだろう。ギリシア悲劇は、ギリシア神話の権力構造を新しい形式のなかで見事に表現し、都市国家の祝祭としてアテネのアイデンティティを確立した。また、ギリシア的なものをアテネ文化に統合する役目を果たしたのもギリシア悲劇である。そもそもギリシア悲劇とは、通常考えられているような対立と衝突のドラマといった近代的な意味付けをはるかに超えて、神話の秩序を解体することと都市国家という共同体の秩序をつくることを重ね合わせる発明だった。そして共同体のルールをつくる役割を担うのは、悲劇の経験を経て視点が入れ替わり、世界を人間の側から見ることができるようになったがゆえに、不完全で、多義的で、分裂を孕むようになった「悲劇的主体」だったのである。自分の不自由を意識するようになった「主体」は、舞台上だけに存在していたわけではない。観客席にもいた。むしろ、観客こそが本当の主体だった。そして彼らは、舞台の背後にアテネの街を見下ろしていたのである。

「去勢装置」としての演劇

かつて演劇には、都市や国家のなかで秩序を形成する機能と、秩序を攪乱する機能の両方を担うポテンシャルがあった。古代アテネにおいては、大ディオニュシア祭という芸術祭がプラットフォームとなり、ギリシア悲劇がその役を担っていた。

この観点からすると、ダダカンさんとJアート・コールセンターの関係に絡めて考えた、芸術祭における「殺す」側と「殺される」側という対立や、秩序を守るか壊すかという二者択一の論理がすべてでなくなるかもしれない。その論理に中断を入れ、宙づりにできる可能性が見えてこないだろうか。もう少し演劇の歴史に目を向けてみよう。

近代演劇の完成とは、一言でいえば、舞台の後ろにある壁の完成のことを指す（代表的なのはリヒャルト・ワーグナーがつくったバイロイト祝祭劇場だが、それについては本書の第二部で詳しく論じよう）。近代演劇では、古代アテネにおいて舞台の背景に一望できた街が見えなくなり、舞台上に一つの世界が出現し、観客は鑑賞物としてそれを観ることになる。すべてが劇場内で完結するようになった。舞台は箱のなかに入っているようなイメージで、舞台と客席を区切る不可視な「壁」を透かすように観客は舞台を鑑賞した。オペラの場合、オーケストラピットの深淵が口を開けるので、「壁」の威力はさらに強化された。こうして舞台は一つの世界として完成し、神に代わる存在となり、観客がありがたくひれ伏す芸術作品になった。神話の世界に逆戻りしたのである。

ところが二〇世紀に入ると、舞台と観客との間に存在するこの不可視な「壁」を取っ払おうとする動きが出てくる。舞台は上手側と下手側と舞台奥の三つの壁に囲まれているから、物理的には存在しないのだが常に前提とされていた舞台前面の「壁」は、「第四の壁」と呼ばれた。現代演劇の条件とは、少し乱暴に言ってしまうと、この「第四の壁」の消失ではないかと私は考えている。

ブレヒトがその代表格だが、観客の存在を前提にした舞台づくりや演技のあり方が模索されるようになった。美的に完成され、閉じられた芸術作品であるよりも、観客と「交流」するコミュニカティヴな舞台や演技へと変容していったのである。この「交流」は、観客を舞台に乗せたり舞台から客席に話しかけたりといった直接的でナイーブなやり方から、舞台と観客の関係が作品の実質であるような劇作術への更新に至るまでさまざまであった。いずれにせよ観客への意識が前提とされた。その結果、舞台は脱神話化され、演劇は社会化してゆく。現代演劇を特徴づけるようになったこの傾向は、一九六〇・七〇年代のアングラ演劇で学生運動とともにピークを迎えたように見えるが、それ以降も多くの演劇がこの流れの延長線上にあると言える。

観客抜きでは演劇は成立しない。当然のことに思えるが、とりわけ近代演劇の完成以降、演劇といえば舞台がイメージされ、観客は「神話」の前にひれ伏す存在になっていたのだから、観客や「テアトロン（客席）」への意識が高まったのは単純に良いことだろう。これで演劇はギリシア時代の初心に帰り、舞台奥の壁の向こうに広がる現実の街や社会へと再び接続されていくに違いない。

ところが、ここで奇妙な逆転現象が起こる。

現代演劇は、たしかに舞台を脱神話化し、劇場の外の社会を強く意識するようになった。舞台は箱のなかの完成品ではなく、観客によって受容され、考察されるべきものとして制作されるのが普通になった。実際、多くの社会問題が舞台にのせられる。私の活動拠点の一つであるドイツでは、特にその傾向が強い。少し大げさに言えば、演劇に携わる人間は左翼であり、舞台は政治的であらねばならず、社会に議論の場を提供するのが演劇の責務だと考えられている。いわゆる「Jアート」のイメージの真逆を想像するといいだろう。それはそれでいいのだが、しかしほとんどの場合、誰もが知っている社会問題が取り上げられ、「問題」として舞台に固定され、わざわざ劇場に来てものを考えようとする良識ある観客に提示される。例えばここ数年は、難民問題を扱った演劇作品が非常に多い。舞台上に本物の難民を登場させ、彼らの悲惨な体験を語らせる作品が数多くつくられた（これじゃあ「難民ポルノ」ではないかと何度思ったかしれない）。観客は客席でその「問題」について考えるわけだが、その「問題」を作家がどういう切り口で、どのように料理したかという視点で鑑賞することが多いように思う。そして作家の手腕に美学的な優劣をつける。作家の手さばきが達者で、観客が良識的であるほど、その思考や想像力は知的遊戯に走り、劇場内に閉じ込められることになる。これでは壁の向こうの現実はますます遠のいていくように思うのだ。

また、作家や作品には常に正しさが求められる。その作品が政治的に妥当かどうか、ポリティカル・コレクトネスが厳しくチェックされるのだ。もちろん芸術的価値や政治的妥当性はとても重要で、私も作品をつくる際には最大限の注意を払う。しかし、それだけでは社会問題はネタの域を出ることはなく、問題の社会的コンテクストや観客の思考が本当の意味で揺さぶられることはない。既知の社会問題をみんなで確認する作業は人を気持ちよく深刻にさせるし、野次馬的な快楽さえ与えてくれる。われわれは社会問題に対して無関心ではないのだ、という連帯感も得られる。そして観客は、作家や作品の政治的妥当性をチェックし、その正しさに自分を同化して安堵する。

これでは社会の「去勢装置」ではないか。ギリシア悲劇やブレヒト教育劇とは逆に、社会からはみ出した「何か」、例えば暴力や悪や事件は、舞台上にわかりやすくピン留めされ、既知の「社会問題」としてなぞられ、上手に飼い馴らされていく。観劇する主体は不安定にならず、分裂も多様化もせず、むしろ普段と同一の自己にますます固定されることになる。これでは既存の社会的アイデンティティは強化されるほかないだろう。こうして、社会問題も観客も劇場で去勢されていくのだ。そこに「世界を苦しみの側から理解する」チャンスはない。

『教育の家 第20号』

第二部で詳述するように私はドイツで演劇を始めたのだが、四年半の演劇修行を経て、最終的に得た結論が「演劇は社会の去勢装置ではないか」であった。帰国直前に、こうした疑問をすべてぶちこんだ『教育の家　第20号』という戯曲を書いた。私の現代演劇に対する考えが伝わりやすいと思うのでここに紹介したい。

「教育の家」は日本の法務省矯正局が管轄する国の更生施設という設定である。刑務所ではなく教育の場であり、更生したと認められれば出所できる。第20号と番号が付いていることから他にも同様の施設が存在することがわかる。「教育の家」には、更生指導員の所長が一人、研修生の助手が一人いて、彼らが収容されている四人の収容者たちに更生指導を施していく。第20号には、広告代理店勤務の男、身体を熟知した俳優、詩と工学を結びつけようとする人、夫を殺害した女性がいる。更生指導の内容は、演劇的なワークショップでの個別指導が基本だ。収容者は課題を与えられ、作業し、自分なりの答えを出す。それを受けて、所長が話し合いをリードし、しかるべき方向に導く。その繰り返しが更生の基本メソッドである。

時に定例会なるものがあり、そのときだけ皆が一堂に会す。法務省矯正局の委員たちの立ち会いのもと、集団で演劇をつくったり、言葉遊びのようなゲームをやったりする。しかし何が求められているかは判然とせず、そもそも収容されている理由も明らかにされない。出所できるかどうかの基準も曖昧だ。一つ言えることは、収容者たちはそれぞれ暴力的なものを抱えていて、その暴力性を除去することが目標とされているらしいということ。社会的に有害で、本人にとっても厄介な毒を、「教育の家」のシステムと所長の更生技術により特定し、明るみに出すことで解毒し、浄化する。そのプロセスを促進する最良の手段が演劇的なワークショップであり、「問題化＝演劇化」なのだ。

いつまでも更生できない出来の悪い収容者もいるが、解毒に成功した優等生は更生したと見なされ社会復帰していく。所長の腕は確かで、知的かつソフト。研修生である助手は最高の環境で更生技術を学ぶことができた。ところが助手はその更生プロセスをうまく遂行することができない。所長を尊敬する一方で、戸惑いと躊躇が彼の思考を鈍らせ、行動を狂わせる。暴力を肯定することはできないけれども、収容者が抱える暴力性を飼いならすことはその人間を「去勢」することではないかと心を引き裂かれ、さらにこの「去勢」は個人レベルにとどまらず社会が変わっていく力をも奪うものではないかと疑いはじめる。

書いているときは意識しなかったが、今振り返れば「教育の家」は現代における演劇／劇場のアレゴリーであり、助手は私の自画像だった。ドイツでの四年半の演劇修行で辿り着いた結論は、演劇は社会の「去勢装置」であるということだったわけだ。もちろんすべての演劇に当てはまるわけではない。しかし多くの演劇が社会の暴力や毒を取り上げることに懸命で、それを良いことであると無自覚に捉え、誰もがわかっていることを「問題」としてあらためて固定する。その構造自体が、それこそ問題ではないのか。観客はますます固められた秩序のなかで、楽しく、安全に、舞台上の「問題」を鑑賞するようになる。多様化が進められるのはもっぱら舞台上で、客席はあいかわらず同じような人たちばかりである。雑多な人たちが混在し、攪乱されるべきは客席のほうなのに、既存の秩序が揺さぶられることはなく、演劇は暴力性を取り除かれ毒にも薬にもならない代物（しろもの）になり、ひょっとすると持ちえたかもしれない両義的な力を失った。

世界を苦しみの側から理解する

演劇は、共同体の秩序やルールをつくる／攪乱する機能を完全に放棄してしまったように見える。毒にもなれば薬にもなる両義的な力を失った演劇が、かつて持っていた影響力をまったくといっていいほど失ったのは当然の帰結だろう。しかしこれは演劇に限った話だろうか。『あいトリ』は、社会問題を展示する場ではなく、それ自体が社会問題になった。そのことで芸術祭と街との間にあった「壁」が崩壊し、社会にむき出しの形で晒されてしまった。もう芸術祭という「劇場」の内側で完結させることは不可能だった。芸術祭は街の騒ぎになり、街からはさまざまなノイズが際限なく雪崩れ込んできた。美術館への乱入、ＳＮＳでの炎上、愛知芸術文化センターに向かって罵声を浴びせる街宣車と拡声器、そして電凸による抗議の声……そうしたものが一斉に顕在化し、『あいトリ』という磁場に集まった。

しかしちょっと考えてみれば、今日の芸術祭、現代の都市の祝祭というものは、事実としてすでに外に開かれてしまっていたとも言える。これだけインターネットやメディアが現実を拡張してしまっているのだから、本当はもう「壁」など存在していなかったのである。今回の『あいトリ』では、後ろの壁が壊れて都市と入り混じり、ネットの世界がそこに雪崩れ込み、メディアを巻き込んで社会問題化した。それは、芸術祭のあり方を考えるうえで大きな前進だったのではないだろうか。前進というのは、芸術祭が現代社会の出来事へと真にアップデートされたという意味である。これは芸術監督を務めた津田大介さんの功績によるところが大きいと思う。メディア・アクティヴィストの津田さんは、メディアを動かし、政治を動かし、芸術祭を社会に開かれたライブ・イベントに変えた。

このライブ・イベントは、アーティストだけでなく、キュレーター、観客、ボランティアスタッフ、芸術監督、愛知県知事、名古屋市長、事務局職員、あいトリ実行員会、広報担当者、『表現の不自由展・その後』実行委員会、あいちトリエンナーレのあり方検討委員会、美術関係者、批評家、右翼と左翼、メディア関係者など、あらゆる人を巻き込んで展開していった。どの人にとっても他人事でなく、それぞれが当事者として振る舞わざるをえない状況が訪れた。各部署や一人一人の言動が複雑に絡み合い、さまざまな友敵関係や利害関係をつくり、それが日々変化していく壮絶な現場だった。キュレーターや事務局職員は死ぬ思いだったに違いない。私たちアーティストの振る舞いだけ見ても、本当にさまざまだった。作品をボイコットする人、ステートメントを出す人、どういう態度をとればいいか悩みつづける人、海外のアーティストとの連携を図る人、対話や交渉によって危機を乗り越えようとする人、独自に展示と議論のできるスペース「サナトリウム」をつくる人、トーク・イベントを開く人、地元の人たちと対話を続ける人、作品解説の会を開く人、記者会見を開く人、インタビューに答える人、署名活動をする人、文章を練る人、資金集めに奔走する人、作品を売ったお金をReFreedom_Aichiに寄付する人、観客にアンケートする人、美術館を警備する人、#YOurFreedomというプロジェクトを展開する人、コールセンターをつくる人、会社設立の準備をする人、苦情の電話に対応する人、作品制作に集中する人、デザインをする人、各委員会と調整を続ける人、展示再開に向け作戦を練る人、情報を集める人、内部の分裂を修復しようと動く人、プロトコルをつくる人、知事や事務局や美術館と交渉する人……どの振る舞いにもその人なりの躊躇と苦悩と決断があったと思う。きわめて不安定かつ不自由な状況に置かれた苦しさは、身体的にも精神的にもかなりのものがあったが、私は切実に問題に向き合えることがうれしかったし、迷いや諦めを繰り返す時間のなかで、逆説的になんとも言えない楽しさも感じていた。

芸術祭に参加したアーティストが、作品を制作して展示するだけでなく、芸術祭の全面再開に向けてこんなにも多様な役割を担った、少なくともチャレンジしようとしたことにあらためて驚く。海外のアーティストからは、芸術祭の運営は主催者に任せるべきで、アーティスト自らそこまで立ち入って行動するのはおかしいという意見が出ていた。あるいは、孤独に作品をつくるのがアーティストの仕事なのに、みんな集まってアクティヴィストの真似事をして何をやっているんだという嘲笑もあった。そして前述の「Jアート」批判である。『あいトリ』の体制や私たちの言動に対するさまざまな疑問や批判が日々聞こえてきた。刻々と変化していく状況に振り回されながら、それでも一人一人が暗中模索し、自分の考えを練り、行動を決めていった。バラバラではあったが、常に連絡を取り合い、議論を重ねていった。決められないときやどうすればよいかわからないときも多々あったが、得意なことや気になることに取り組み、それぞれが自分にできることを試していった。『あいトリ』という渦に巻き込まれながら、芸術祭について、表現の自由について、検閲について、電凸について、性差別について、アクティヴィズムについて、税金について、アーティストの振る舞いについて……などなどさまざまな問題に向き合い、県や国の動向に一喜一憂していたのである。

こうした一連の動きをどう考えればよいのだろうか。『あいトリ』を芸術祭の前進と捉えるか、後退と捉えるかは、人によって意見が分かれるところだろう。電凸による攻撃の有効性が証明され、補助金が後から不交付になるという前例ができ、作品は検閲され、芸術祭への政治介入があからさまに行われ、今後ますます自粛と忖度と萎縮が求められる、そのターニングポイントが『あいトリ』だったという見方もできよう。『あいトリ』がパンドラの箱を開けてしまったことは事実だろう。今後、文化行政が悪い方向に向かっていくことは大いにありうる。

しかし、前述したようにあらゆる人を巻き込み、アーティスト自ら芸術祭のあり方を考え、運営に顔を突っ込み、粘り強い交渉や作品のボイコットなどにより秩序の形成や攪乱に関与したことで、芸術祭それ自体が一つの「社会」のようになり、世間を巻き込んで社会問題になっていったことへの肯定的評価もなされてしかるべきではないだろうか。言い方を変えれば、みんな頭ではわかっていたこの国の「表現の不自由さ」をこれでもかと自覚し、なんとかしなければならないと動いたのだ。とりわけ、ReFreedom_Aichi の活動が芸術祭の全面再開を後押しした面はあったと思う。対立を煽ったり、断絶を深めたりするのではなく、粘り強い対話や交渉を続けていく「Jアート」独自の抵抗が効を奏したのは間違いないように思われる。その成果を大声でアピールしたい気持ちもある。

しかし、それさえも大したことではないのかもしれない。重要なのは、私たちアーティストの多くが、決定的に世界を不自由の側から理解したことである。いや、アーティストに限った話ではないだろう。観客を含め、『あいトリ』に関わった人のほとんどが、理解という言葉では足りないほど、私たちがいまだに「神話世界」に呪縛されていることを思い知り、その暴力を自覚したのだ。

「世界を苦しみの側から理解すること」は「悲劇」の始まりかもしれないが、自分たちの無力や絶望的状況を知ったのは喜ばしいことではないだろうか。そうした視点の入れ替えと理解の仕方の変換がなければ、「神話」からの解放は決して始まらないのだから。

古くて新しい都市の祝祭

Jアート・コールセンターは、まず何よりもブレヒト教育劇を現代に更新する試みであった。その点についてはかなりうまくいったのではないかと思っている。ただ、『あいトリ』全体との関係において考えると、最後に答えるべきは以下の問いになるだろう。

ダダカンさんとJアート・コールセンターの対立、具体的には「取り締まる」側なのか「逮捕される」側なのかという問い、さらには芸術祭における「殺す」側と「殺される」側の問題をどう考えればいいのか？

答えは一つではないだろうし、正解はないのかもしれない。ただ、問題への回答がその人の芸術に対する立場や芸術祭への態度になるような類いの問いであることは間違いないだろう。私はJアート・コールセンターについて演劇的に考察することを通じて、この問いに自分なりの回答を出そうと試みたつもりである。

すでに見てきたように、Jアート・コールセンターは「殺す」側と「殺される」側の両方の立場に身を置いていた。制度の側に立って秩序づくりを担うと同時に、ダダカンさんの「殺すな」を「文化を殺すな」に変換して引き受ける側面もあったことはすでに見てきた。さらに、芸術祭への突入という点についても継承する面があったかもしれない。合法的かつ周到な手続きを踏んで実施したため指摘されることはなかったが、半分作品であり半分会社である「コールセンター」を芸術祭のなかに挿入すること自体、見方を変えれば奇妙な「突入」であるとも言えるからだ。そして、Jアート・コールセンターの「突入」が突入にならず、芸術祭とうまく折り合いがついてしまったところに、『あいトリ』という芸術祭の困難と可能性があったようにも思うのである。Jアート・コールセンターに限らず、『あいトリ』に関連するあらゆる達成がこうした分裂を抱えていた。とりわけReFreedom_Aichiの運動にはその傾向が顕著だったし、『あいトリ』全体が分裂そのものだったように思う。私たちはダダカンさんを「殺す」側に立ちながらダダカンさんの「殺すな」を引き継ぎ、芸術祭の秩序を保守しながら芸術祭を攪乱したのである。

この矛盾したありように、私は古くて新しい都市の祝祭モデルを見る。『あいトリ』という芸術祭が現代社会の出来事へとアップデートされた「前進」に、大ディオニュシア祭やギリシア悲劇への「回帰」が重なって見えるのだ。いや、あえて重ね見ていると言ったほうが正確かもしれない。ギリシア悲劇という、今となっては「虚空間」にしかなりえない過去を、現代という「実空間」に重ね合わせることによってしか見えてこないものがある。

古代アテネでは神話が複数の声に解体され、悲劇が人間の主体の解放を促した。劇場のテアトロン（客席）に集った観客は「市民」となり、声を獲得し、共同体の秩序形成を担う代表者になっていった。現代の私たちの感覚からすると、秩序をつくることと秩序を揺さぶることとはどうしても対立するという発想になるが、少なくとも古代アテネにおいては、神話的秩序を解体することと都市国家の秩序をつくることが分かちがたく結びついていた。それこそが大ディオニュシア祭とギリシア悲劇の奇跡だったのである。

こうした視点を重ねて見ると、『あいトリ』という都市の祝祭は、大ディオニュシア祭とギリシア悲劇の奇跡を現代に反復する側面を持っていたことがわかる。もちろん、今は古代アテネではないから、奇跡どころか矛盾と緊張しか生まなかったかもしれない。私は『あいトリ』に芸術祭の大きな前進を見るが、実際には大炎上していたという事実がその矛盾を物語っている（かつての奇跡を反復しようとすれば、そこには必ずエラーが発生するということだろう。

けれども、こうした受容におけるエラーこそが新しい文化をつくってきたのである）。とはいえ、芸術と都市および国の関係やその方向性について、これだけ多くの「市民」が声を発した芸術祭がかつてあっただろうか。繰り返しになるが、Ｊアート・コールセンターだけでも一週間に七一八件の電話がかかってきたのである。『あいトリ』がプラットフォームとなり、あらゆるメディアを巻き込みながら、「市民」間で激烈な議論がなされた。その内容や方法に問題があったことはたしかである。あのカオスな狂騒を議論と呼んでいいのかどうかも意見の分かれるところだろう。これから解決していかねばならない課題はかえって増えたに違いない。それでも、『あいトリ』が多様な声の集う場になったことは否定しようのない事実だ。たとえ歪（いびつ）ではあっても、そこに古代アテネに通じる「テアトロン（客席）」が出現していたのである。

　Ｊアート・コールセンターは「テアトロン（客席）」を構成する一要素として存在した。それは異なる声が共存する「迂回路」を開きながら、芸術祭に秩序をもたらそうとする試みだったと言えよう。個人の主体化を促す側面を持っていたと同時に、暴力に対して毒をもって毒を制すような制御装置としても機能していたのである。

第2部

「テアトロン」をめぐって

第一部ではJアート・コールセンターについて演劇的に考察した。私の活動は常に演劇がベースになっており、Jアート・コールセンターについても演劇的思考がそれを支えていた。しかし、舞台をつくらなくなってからもう一〇年以上になるし、私の活動はもはや演劇には見えないものになっていて、現代美術や都市関係の何かをやっている人間と思われることが多い。「ツアー・パフォーマンス」と命名したツアー形式の作品をたくさんつくっていたときには、旅行代理店と間違われたこともあった。

外からどう見られても構わないし、間違えられるのは愉快でもあるが、自分がやっていることを自分でどう規定するかは重要だと思っている。つまり、作品やプロジェクトを通して、何を参照し、何に応答しようとしているのか。作品をつくったり、プロジェクトを展開したりする際に、何を軸にするかによって、おのずとその方向性が決まってくる。

私の場合、参照するのも応答するのも、演劇であり、演劇史なのである。ただ、美術における美術史の参照や応答とは少し性格が異なる。美術の場合は過去の美術作品との関係のなかで制作が行われ、その関係が作家や作品のアイデンティティを形成することも多いように思うが、私は自分の活動を演劇史のなかに位置づけるために演劇史を参照し、それに応答しているわけではない。これは美術でも同様だろうが、自分一人で考えられること、やれることは高が知れているし、多くのことはすでにやられてしまっている。それを知らずに繰り返したり、単にコピーしたりするのはつまらない。演劇の歴史は少なく見積もっても二五〇〇年、これは制度になってからの話で、実際にはもっと古く、同様の試みは演劇と呼ばれるようになる以前から古今東西いたる所で行われてきた。記録に残すのが難しいメディアなので、不完全で限られた痕跡しかない。しかし、そこに蓄積された知恵や技術は膨大である。演劇の歴史から学ぶことによって、私たちはもっと深く、もっと遠くまで行くことができる。Jアート・コールセンターの試みからも明らかなように、私が応答すべきは演劇史ではなく、現実社会や現代の出来事であると思っている。むしろ、現代の出来事によく応答するためにこそ、演劇史と格闘する必要があるのだ。

私が演劇に出合ってからもう三〇年近く経つ。演劇学校に通ったことはなく、いわゆる正規の演劇教育を受けてはいない。しかし、その間ずっと演劇の歴史を勉強してきた気がする。自分で勝手に演劇を始めて、さまざまな問題にぶつかり、何年も、何十年も考えながら試行錯誤を繰り返してきた。問いによってはいまだに考えつづけているものもある。戯曲や演劇理論や演劇史の本を読み、舞台を観劇し、人と議論し、自分の身に起きたことを何度も反芻する。そして自分なりに演劇をつくることを続けてきた。私が演劇を始めた一九九三年当時は、インターネットもなく、情報も限られていたから、今では考えられないくらいの回り道をしながら、徒歩旅行するように演劇を学んできた。今ならもっと効率よく学ぶことができるのかもしれない。ただ、単にたくさんの情報を吸収すればいいというものではない。自分なりの問いを深めていく作業と演劇の歴史を学んでいく作業を重ね合わせていかないと、自分の制作や自分の学びにはならない。演劇史など学ばなくても現実社会の事象にその場その場で応答していくことはできるかもしれない。ただ、私の場合、それでは物足りなくなってしまう。反射神経だけでやっていると同じパターンの繰り返ししかできなくなるし、現実の複雑さにはとても太刀打ちできないと思うのだ。

こうした学びの経験を文章にまとめたことはないが、今回Jアート・コールセンターについて考察していくなかで、自分がどうやって演劇を学んできたかを伝えたい気持ちが強くなっていった。自分の問いを追究するということは、私の場合、自分の「演劇史」を「捏造」するプロセスであり、そうした自分なりの「偽史」だけが、私の創作活動を支えてきたように思う。

三〇年近く現場だけでやってきたから、学問的な正しさを気にする必要はなかったし、そんな余裕もなかった。だから、私の文章を読んだところで知識として役に立つことは少ないだろう。しかし、演劇やアートといった分野に限らず、自分なりに問いを深めて、自分なりに答えを探したいと考えている人がいたら、「歴史を学ぶとはどういうことか」という姿勢や方法は参考にしてもらえるかもしれない。一つのモデルとして、私の経験を書いていきたいと思う。

第1章『ザ・マン・フー（The man who …）』

一九九三年、私はドイツに渡ったが、演劇をやるつもりなどまったくなかった。日本にいる頃からドイツ語に興味を抱き、関口存男（つぎお）というドイツ語学者の言語論を研究したくて、第一部でも触れた哲学者・牧野紀之さんのもとでドイツ語を学んでいた。語学力を鍛えるためには現場に行ったほうが早いと考え、二二歳のときにドイツ留学を決意した。留学先はフライブルク大学。フッサールやハイデガーが教授を務め、ヴァルター・ベンヤミンもそこで勉強していたという、哲学で有名な大学だ。日本では早稲田大学に通っていたが、中退し、いわば退路を絶ってフライブルク大学に向かったのである。真剣に勉強するつもりだった。

ところがドイツに来てから三か月ほど経った頃、『ザ・マン・フー（The man who …（……する男））』というピーター・ブルック演出の舞台がシュトゥットガルトに来ることを町の看板で知った。日本で演劇は齧ってすらいなかったが、ブルックの名前くらいは知っていた。『なにもない空間』という本がとても面白かったので、いい機会だから見に行ってみようとシュトゥットガルトに向かった。

『ザ・マン・フー』は、イギリスの脳神経科医であるオリヴァー・サックスによる『妻を帽子とまちがえた男』というエッセイ集に材を取ってはいたが、そこには名のある役も一貫したストーリーもなく、さまざまな神経症患者がゲームのような治療を受ける様子を、五人の俳優が切れ切れに並べていくだけの舞台だった。エッセイ集をベースにしながらも、ブルックの俳優チームは、実際の精神病院に通って患者さんたちとワークショップを繰り返したという。ある種のドキュメンタリー演劇とも言えた。代わる代わる医者になったり患者になったりしながら、治療の場面やその患者の症状を演じていく。

例えば、こんなシーンがあった。

ある患者が顔に泡をつけ、鏡を見ながら髭を剃っている。顔の右半分を剃ったところでやめてしまう。そばにいる医者が「どうしました？　なにか忘れてないですか？」と尋ねても、顔の左半分を剃ることができず、右側だけを繰り返し剃ってしまう。この患者は左半身の感覚がない人で、鏡を見ても自分自身が映っている映像を見ても、左半身の知覚がないから右側しか髭を剃れない。

こうした断片が積み上げられていくのだが、一つ一つのシーンが堪らなく面白かった。私はこの舞台に、かつて体験したことのない衝撃を受けた。いったい何がすごかったのかと考えると、結局、舞台の上で行われていることよりも、むしろ自分の身体感覚が変容するのが面白かったのである。もっと言うと、自分とまわりの空間との関係が変化していく様子を、私は楽し

『ザ・マン・フー』より

んでいた。ものすごく集中しているのだけれど醒めてもいて、醒めているからといって退屈というわけではまったくない。通常、よい舞台と言われるものは、我を忘れてしまったり、没入してしまったり、二時間が一時間に感じられたり、といったことを褒め言葉として使う。ところが『ザ・マン・フー』はそうした類の演劇ではなく、一時間四〇分は一時間四〇分に感じられたし、同化も感情移入もしないから、自分の知覚が特殊な状況になっても、自分の体がここにあるということはわかる。客電（客席の照明）も完全には暗くならないので、まわりのお客さんもそこにいるとわかる。舞台上で起こっていることも冷静に見ていられる。静かに集中した時空間のなかで、何よりも自分の身体感覚が研ぎ澄まされていくのが不思議だった。私は目の前で繰り広げられる光景以上に、自分の身体に生じた感覚の変化を、また、身体感覚に変容をもたらした空間を楽しんでいたのだった。

あんな体験は初めてで、その晩、シュトゥットガルトからパリに行く夜行列車に衝動的に乗り込んだ。ピーター・ブルックが拠点としている劇場がパリにあると聞いて、居ても立ってもいられなくなったのである。

翌朝、パリ東駅に着いたはいいが、フランス語はまったくできない。うろうろしていると、なんと向こうからブルックのカンパニーが歩いてくる。シュトゥットガルトの公演が楽日（最終日）だったので、彼らも同じ電車に乗っていたのだ。今だったらとてもできないと思うが、当時は私も若者らしい勇気と図々しさを持ち合わせていたから、舞台上で髭を剃っていた日本人俳優のヨシ・オイダさんに声をかけ、とてもよかったですとかなんとか言いながら、パリに行ったらここに泊まれと言われていたホテルの住所を見せてどこにあるか尋ねた。すると、家に帰る通り道にあるから途中までタクシーで乗せてあげようという話になり、車内で話をする機会を得たのだった。昨晩の舞台は奇跡が起きたかのような時間だった、あんなふうな身体感覚の変容を体験したことはない、あの舞台は「翻訳」というものが持つ可能性を展開していた、自分も今から戯曲を書こうと思う、などと思い出して恥ずかしくなるようなことを喋りまくり、しまいには戯曲を送る約束までしてタクシーを降りた。結局このときのパリではブルックの劇場に入ることはできなかったが、自分はこれから戯曲を書くのだという思いはすでに固まっていた。そしてフライブルクに帰ると一気に書き上げ、オイダさんに送った。

　それから数か月後のある日、オイダさんからの電話が鳴った。ベルリンのシャウビューネという劇場でブルックのカンパニーがワークショップをするから覗いてみないかという誘いだった。当時はまったく知らなかったが、シャウビューネはドイツを代表する劇場だったし、参加している俳優たちのレベルや、ブルックやオイダさんのワークショップの価値を、素人だった私が理解できたとは到底思えない。そのレベルの高さを理解していたら怖気（おじけ）づいて、参加するのをやめていたかもしれない。ところが、無知蒙昧は時に最強の武器になる。私は、これなら自分にもできると勘違いをしてしまった。ベルリンからフライブルクに戻ったときにはすっかり演出家になっていた。とはいえもちろん自称である。学生劇団に出入りを始め、自分で演出もどきをするようになった。大学にはもうほとんど行かなくなっていた。

　実際に自分でやってみると、さまざまな失敗を繰り返すことになる。ドイツ語の不自由な日本人学生が、まったく未知の演劇を「もどき」でやるのは当然ながら限界があった。高い壁にぶち当たるが、それでも若いので、なんとしても演劇をやりたいとしがみつく。しかし、やる気だけでうまくいく世界でもないので、自分は演劇のことなど何もわからないのだと認めざるをえなくなった。

　こうなると、人がつくった舞台を真剣に見るようになる。最初の一年はとにかく舞台を見まくった。まずは数をこなそうと、一年で四〇〇本くらいの舞台を見た。ヨーロッパにいると夏休みにはフェスティバルがあるので、一日に複数本見られてしまうのだ。そして観劇したすべての作品について、照明のつくり方とか、面白い音響の方法、演技や戯曲についての考察といったものを素人なりにメモしていった。一日に三本とか四本見るとゲロを吐くこともあった。

ヨーロッパを放浪しながらそんなことを一年ほど続けたある日、どうもこれはつまらないと悟った。なぜつまらないのだろうかと考えると、ほとんどの舞台はそれ自体がつまらないのである。そして、自分のメモも同様につまらなかった。テクニカルなことにしか目がいっていない。舞台づくりの技術を盗むのはよいが、そんなことより、自分が一番面白いと思った舞台作品『ザ・マン・フー』がなぜあんなに特別だったのかを考えたほうがいい。そして他の多くの舞台は自分にとってなぜ魅力に欠けるのかを考察するようにしよう。そう考えを改めた私は、相変わらずさまざまな舞台を見にいったが、メモをとるのを止めて、自分の知覚の変化や空間が変容する様子に集中するようになった。また、ブルックの作品はいろんな街で上演されるから、『ザ・マン・フー』を追いかけるように何度も何度も繰り返し見た。それでこの舞台の何がよいのか、自分が何に面白みを感じているのかを執拗に問うていった。

『一九〇〇年前後のベルリンの幼年時代』

『ザ・マン・フー』の他にも、自分の演劇観に大きな影響を及ぼすことになる出合いがいくつかあった。この章では、私のスタート地点として、また目指すべきゴールとして、演劇を始めた頃の初心、それをつくるのに重要な役割を果たした出合いや出来事や体験を思い出し、どのように問いとして深めていったかを考察するのが目的だ。しかし自分の意思で選び取ったものは少なく、偶然によってもたらされたものがほとんどである。次の例はまさにそうだった。

インターネットのない時代、コミュニケーションは手紙がメインになる。一日の最初にして最大の楽しみは郵便ポストを覗きに行くことだった。その日、私は二つの大型郵便を受け取って、ひと月分の幸運が一度にやってきたような気分だった。一つはハンブルクから、もう一つは日本から。ハンブルクからはベンヤミンの『一九〇〇年前後のベルリンの幼年時代』が送られてきた。ズーアカンプ出版から出ている藍色の美しい本だった。シャウビューネのワークショップを撮影していたドキュメンタリー映画監督が送ってくれたのである。日本からの郵便は京都に住む親友、臨床心理士の猪股剛さんからのもので、封筒を開けると彼の修士論文「ベルリンの幼年時代論」が入っていた。

これはどうしたって読まなければと『一九〇〇年前後のベルリンの幼年時代』を読みはじめた。自分の目指すべき演劇はここにあるんだ、こういう演劇をつくればいいんだ、と教えられるような気がした。本との出合い方、エッセイという形式、歴史を捉え返す身振り、記憶とは過去ではなく発掘現場であるという認識、醒めた文体、都市へのまなざし、そうしたことすべてが新しい演劇のはじまりを告げ、来るべき演劇の可能性を暗示していた。とりわけ以下の文章はその後の私の演劇活動にとって決定的な意味をもつことになる。

ある都市で道が分からないということは、たいしたことではない。しかし、森のなかを迷い歩くように都市のなかを迷い歩くには、習練が要る。迷い歩くひとには、さまざまな街路の名が、乾いた小枝が折れる音のように語りかけてこなくてはならないし、また都心の小路という小路が、山中の窪地のようにはっきりと時刻の変化を映し出してくれねばならない。

（ヴァルター・ベンヤミン「一九〇〇年前後のベルリンの幼年時代」野村修訳、『暴力批判論』岩波文庫）

アヴィニョンでの人形劇

南フランスにアヴィニョンという町がある。アヴィニョン捕囚や「アヴィニョンの橋の上で」という歌で有名だが、この町のもう一つの名物が、毎年夏に開かれる演劇祭である。私も演劇を始めた九三年に訪ねた。一週間ほど滞在して三〇本近い舞台を見たが、一つの人形劇からとても大きなことを学んだ。

アヴィニョン演劇祭は巨大なフェスティバルで、城壁に囲まれた小さな街のいたるところで演劇公演が行われる。演劇祭のメイン会場である旧教皇庁中庭、そして学校、体育館、教会、カフェ、通り……とあらゆる場所が使われ、街中が劇場と化す。観客は一つの場所から別の場所へと徒歩で移動しながら公演を見まわるのである。

目指す人形劇は、学校の体育館で上演されていた。地図を片手に探すのだがなかなか見つからない。そろそろ会場かなと思っていると、さっき通りがかったカフェに再び突き当たってしまった。気を取りなおして歩きはじめると、またさっきのカフェ。三周したときには自分でもさすがに驚いた。完全な迷子である。

ようやく会場の学校に辿り着いた頃には、上演は始まっていた。体育館らしき建物の入口で少し待たされてから、客席に誘導される。外が南仏の強烈な日差しで明るすぎたせいもあるのか、なかに案内されても何も見えない。真っ暗な空間のなか、椅子に座って目が慣れてくると、遠くのほうに小さな舞台が見えてきた。三階建てのアパートを模した舞台装置があり、そのなかで大きさの異なる人形たちが出たり入ったりしている。アパートはかなり遠くに小さく見えるだけで、自分の座る席から舞台までは真っ暗な空間があるだけだった。舞台がどれくらい離れているのか、アパートがどれくらいの大きさなのか、まったく見当がつかなかった。人形の大きさも把握できない。台詞もあったように記憶するが、チェコ語かなにかでさっぱり意味がわからなかった。なんだかむずむずと不安になってきたとき、アパートの三階に突然ワイングラスが置かれた。でかい、と思って目を見張ったが、こんなに大きなワイングラスがあるわけがない、きっと大きなグラスなのだろう、と納得しようとしていると、今度はアパートの屋上にワインボトルが置かれた。これもでかい、と混乱していると、次は客席と舞台の間、これまで暗闇しかなかったところに再びワインボトルが置かれた。これがまたでかかった。人形たちは入れ替わり立ち代わり舞台に登場しては、ワイングラスやワインボトルの大きさを変容させていく。出てくるたびにサイズが違って見える。大きさの比較ができなくなり、近さと遠さの感覚が完全に狂ってしまった。私は真っ暗闇の客席のなかで異様な不安を感じていた。まわりの空間を知覚したくて、手をのばして隣にいるはずの観客に触れようと躍起になったが、一向に触れられず、知覚はますます混乱していった。劇場にいながらにして迷子になっていたのである。

私はほとんどパニック状態だった。上演が終わって客電が灯されたときの安堵感は今でも忘れない。アパートの舞台は少し離れたところに設置されているだけの、小さな本棚くらいの大きさの箱で、人形もワイングラスもワインボトルも、不思議なことにまったく普通のサイズだった。

迷子になるという経験

この迷子体験は、私に多くのことを教えてくれた。

観客と舞台の関係が演劇の実質であるということを、これほどシンプルかつ明確に感じさせてくれた観劇体験はない。舞台上にあったのはアパートを模した簡素なセットで、人形たちもそれそのものとしては大したものではなかったと思う。私には言葉が一つも理解できなかったから、物語もないに等しかった。なにが起こったかと言えば、舞台を見ている私の遠近の感覚が狂い、空間を把握できなくなり、空間が異物になったことで身体感覚が変容を来（きた）した——つまり知覚的な迷子になったのである。言ってみればそれだけのことだ。しかし、それだけの体験がいかに豊かな観劇体験をもたらすか。気の利いた台詞やよく練られた物語がなくても、人を圧倒する演技や魅了する声がなくても、観客の知覚を揺さぶることができれば、空間は変容し、日常的な身体感覚は宙づりになる。

街中で迷子になったときも、構造的には同じ体験をしている。よく知った街ならば、その景色は自分の身体に内面化されているのが常なので、街を街として見ることはない。知らない街を歩くときは、目的地までの道筋を地図でイメージしながら歩けば道中の景色は消える。ところが迷子になった途端、街は急によそよそしい異物に変わり、フレッシュな姿を見せるようになる。身体と街との間にできていた秩序が揺さぶられ、人はそれを再組織しなければならなくなるのだ。ベンヤミンが書いたように「森のなかを迷い歩くように都市のなかを迷い歩くには、習練が要る」。その「習練」の場こそが演劇なのだということを、アヴィニョンでの「迷子体験」は私に教えてくれたのだった。

パリで迎えた朝

ヨーロッパ中を観劇放浪しながら、フライブルクにいるときは、大学の学生劇団はもちろん、高校や児童館のようなところ、幼稚園のクリスマス会まで、あらゆる機会を捉えて演出をさせてもらった。そうしたチャンスはありがたく、すべて全力で向き合った。ただ、目のほうは意外と早く向上するけれど、腕のほうはゆっくりとしか上手にならない。客観的に見ればだいぶマシにはなってきていたはずだが、不満や絶望は大きくなるばかりだった。

そろそろ自分は限界なのかもしれないと感じはじめた頃、おかしな症状に悩まされるようになった。妄想がひどく、自分が世界の中心のようになってしまうので、街を歩いていてもすべてが自分の物語として構成されるようになってしまったのだ。誰かが紙袋を持っていると、なかには爆弾が入っていて今にも爆発するに違いないと確信されて逃げ出したり、悪口を言われているように思えて気になって仕方がなくなった。そのうち妄想が外に現れ出てきたのか、幽霊が見えたり、鼠が出てきたり、隣の部屋から笑い声が聞こえたりする状態になった。幽霊も鼠も幻覚には見えず実にリアルで、あれはなんだったのかといまだに不思議に思っている。青いジャケットを着たおじいさんが私の前に現れては壁のなかへと消えてしまうので、仮に「幽霊」と名付けてみたにすぎない。

妄想という渦のなかに街全体が雪崩れ込み、あらゆることが結びつき、勝手に負の物語ができあがってしまう。物語にどっぷりと漬かり、神経をすり減らす状態が続いた。自分でもさすがにこれはまずいと思うようになった。そこへきて極度の不眠症になった。今にも叫びだしそうになっていたけれど、この妄想を創作に利用してやろうというギリギリの野心のようなものがどこかにあり、それが狂気の淵に落ちそうになる自分をかろうじて繋ぎ止めてくれていた。

ところが、パリに滞在中、とうとう動けなくなってしまった。下手に動いたら窓から飛び降りることになる（五階にある部屋だった）と確信された。ベッドで緊張している間に夜を迎え、時間の感覚もなくなりはじめた頃、窓に向かったら自分は何をするのだろうかという好奇心が湧いてきた。私はベッドから起きあがり、窓のほうへと歩を進める。カーテンを開き、二重扉の鍵を外し、窓を開けた。真っ暗だった。鳥の声が聞こえ、新しい空気が部屋に入ってくる。

あれ？と思って立ち尽くしていると、だんだんと空が明るくなってくる。夜が明けはじめると、眼下の丸い形をした屋根が浮かび上がってきた。それをぼうっと見ているうちに、奇妙な現象が起こった。屋根が屋根に戻っていくようなのだ。窓は窓に、窓枠は窓枠に、煙突は煙突に、壁は壁に、空気は空気に……そうしたものすべてが元あった場所に帰っていく。私が妄想のなかに絡め取っていたモノたちが、元あった場所に帰り、それぞれの表面に収まって寂（しず）かにそこにあった。

　私は窓際に佇みながら、久しぶりに自分の体を感じていた。いきりたって世界に伸びていた神経が体のなかに収まり、ようやく鎮まっていくようだった。妄想に絡めとられていた私は、体が存在していることを忘れていた。あの朝ほど、体がここにあると意識したことはなかった。それは「悟ってしまったのかな」と勘違いしてしまうくらい神秘的な体験だった。しかし、神秘といってもそこに「神」はおらず、少し悲しくなるほどに即物的で、ただ、モノだけが目の前にあった。時間にして、せいぜい一五分か二〇分くらいだったろうか。おそろしく集中しているのに醒めた時間が流れていた。

統合と拡散

強烈な体験をすると、それが何だったのか事あるごとに繰り返し考える癖が私にはある。自分の演劇制作を本当の意味で支えているのは、こうした繰り返しの作業だ。パリでの「神秘体験」は決定的に重要だったから、その意味を何十回も何百回も振り返って考えなおした。その結果、三つの発見を得た。

一つ目の発見は、私はこの体験をするまで、自分の妄想を活性化させることで何か強いものをつくり、観客に圧倒的なものを叩きつけたいと考えていたということだった。

私がもともとよく妄想する性質（たち）だったのもあるが、妄想は求心的で、異様に生々しい。例えば、幻覚で見る鼠は本当の鼠以上にリアルに感じられたし、青いジャケットを着たおじいさんも、壁のなかに消えるまで普通の人間とまったく区別できなかった。妄想のなかでつくられる物語もある程度までは人に快楽をもたらす。しかし妄想は、活性化すればするほど自分が世界の中心になり、すべてを過剰に統合していく。

ところが窓を開けた拍子に世界が切り替わった。私が統合していた世界が元あった場所に戻っていったのだ。妄想によって統合してしまっていたモノたちが、屋根や窓や壁に帰っていったのだった。統合の対語は拡散だが、単なる拡散とは違う。一つ一つのモノが独立しながら、他のモノたちとバランスが拮抗したところでピタッと静止している状態。状態というより、運動というべきかもしれない。自分の体も世界の一部として存在し、そこに世界があるのを見ている。一風変わった覚醒だったが、自分が中心になって世界を妄想のなかに飲み込んでしまうのではなく、世界の一部として私がいて、他のバラバラなモノたちとそれぞれに均しく対峙しているような感覚。

目の前に存在しているモノたちは、私たちの妄想や観念で覆われている。その覆いを一枚一枚剝がすことができれば、モノに出合い、モノの存在を知覚することができるだろう。妄想の力で強い物語をつくりあげるより、妄想や観念によって統合されている秩序に亀裂を入れ、すでにそこにあるにもかかわらず存在を無視されていたモノたちに触れるほうがずっと面白く、大切なことなのだと気づいたのである。つくる必要などない、そこにあるモノを見えるようにし、聞こえるようにすること。これが私の目指すべき演劇だと悟った瞬間だった。

そんなことを考えるなかで、この出来事をよく言い表している言葉に出合った。ジョン・ケージの〝everything is expressive〟である。これを作曲家・アーティストの佐藤慶次郎氏は「モノミナヒカル」と翻訳している。そして佐藤氏は次のように言葉を継ぐ。

私達ノ周囲ニアッテ限リナイ親シサヲ示シ、黙シタママ、寂(しず)カニ光ヲ放ッテイル〈物〉達。

（佐藤慶次郎「モノミナヒカル」『モノミナヒカル展　佐藤慶次郎の振動するオブジェ』多摩美術大学美術館）

この二人も同じ体験をしていたのだな、と私は思った。

乱数を発生させる

二つ目の発見は、どうやら私は統合失調症を発症しそうになっていたのかもしれないということだった。診断されたわけではないから確かなことは言えないが、後述するように、どうやらその入口に近いところまで行っていたらしい。その真偽はどうでもよいのだが、統合失調症という現象について考えると、演劇の課題がよく見えるようになる。

精神科医の中井久夫が紹介している例を見てみよう。

面白いことに脳――というか精神というか――はデタラメを積極的に発生させることができて〔…〕できる時ほど精神的に健康らしいのである。戦後日本で発展した、乱数発生テストというものがある。要するに乱数を百個唱えさせて解析するのだが、統合失調症の急性期などは解析するまでもなく、一二三四五六七八九、一二三四五六七八九、と唱えたりするのだそうで、治るとともに数字のデタラメさが増してゆく。

これは別に病気に限らない。この面白いテストを精神医学の中で発展させたのは日大医学部だが、実はその中の有力な一人に探険家がいる。〔…〕ヒマラヤで（たしか、登頂するか否かで）隊が分裂しかかった時は、立派な山男が一二三四五六七八九、一二三……としか言えなくなったそうである。グリーンランドで食糧を持ってくる飛行機が雲のために基地を発見できなくて爆音がついに遠ざかった失望の時も同様だったそうである。デタラメを発生できることは、まさに「余裕」の客観的指標といえるだろう。

（中井久夫「解体か分裂か」『「伝える」ことと「伝わる」こと　中井久夫コレクション』ちくま学芸文庫）

この例を見ると、統合失調症的な現象とは、一つのルールに統合されてしまいそこから逃れられない状態を、また、過剰に強くなってしまった一つの秩序に支配された状態を言うのではないだろうか。そのせいで乱数が発生しなくなり、デタラメさが失われる。逆にいえば、そのときに現れる一つのルールや一つの秩序の強度はものすごい。私の場合もそれに近かったように思う。

統合失調症を発症する際、人は世界のことを理解したと確信するそうだ。宇宙人の仕業だったのか、あの人が仕掛けていたのか、と苦しみの理由が明確になり、それによって一つの妄想を生きるようになる。これが人格の解体を途中で食い止めるのだが、「実際、患者は妄想を持つと急に楽になるのが目に見える」そうだ。しかし、「これが妄想の困ったところで、妄想を手放させるのは、溺れる者にそのすがっている板を離させるのにひとしい。妄想はかさぶたのように自然に要らなくなって落ちるのでなければならない。さもなくば妄想は精神の寄生体のように、いつまでも持主から離れない」(前掲書)。

私にとってこの話はとてもリアルで、腑に落ちるものだった。これは私個人の話にとどまらず、他の人にも当てはまることだし、さらに社会全般についても同様のことが言えるだろう。どうすれば妄想を取り除くことができるのか。妄想を引き離し、デタラメな乱数を発生させ、「わかった」を「わからない」状態にするにはどうすればよいか。そのためには「森のなかを迷い歩くように都市のなかを迷い歩く」のと同様の習練が要るに違いない。私は次第に、その習練の場が演劇だと考えるようになった。

『ザ・マン・フー』、再び

そして三つ目の発見は、パリでの「神秘体験」が『ザ・マン・フー』を観たときの身体感覚に似ているということだった。パリでの「神秘体験」は一回きりの、圧倒的な強度の体験だったが、それを多くの人が体験できるよう世俗化したものが『ザ・マン・フー』の舞台だったのかもしれない、そう私は考えた。

私の体感として、二つの出来事の構造はとてもよく似ていた。『ザ・マン・フー』の観劇体験が一つの経験になりえたのは、その内容でもなければ舞台の出来でもない。観客である私の身体感覚が変わってしまうような空間が出現したからであった。しかしここで言う空間とは、装置やオブジェを置いたり、演出家の解釈やイメージを書き込んだりするための空間ではなく、さらには、俳優の身体によってつくられる空間でもない。それらは舞台作りに欠かせないものだが、舞台の空間造形という域に留まるならば、舞台上の鑑賞物であるに過ぎない。

私が注目したいのは、舞台と観客の間にある空間、観客によって知覚される空間であり、むしろ「空気」と呼ばれるべきものなのだろう。しかし空気は常に身のまわりにあるわけで、あまりに当たり前すぎて普段はその存在が忘れられている。空気という存在が気づかれ、空間としてあらためて知覚されるとき、どれほどのモノとして感じられるのか。それは一人の若者であった私の人生を変えるほどの事件になりえた。しかし、空間はそれ自体で認識されることはなく、したがってつくることもできず、身体感覚を媒介にした外界との関係性において知覚される以外にない。だとすれば、既知であるがゆえに未知であった空間を(再)発見するにはどうすればいいか。そのためには、妄想や観念を取り除き、観客が持っている空間との関係性を変化させればよい。どうすればそれが可能なのだろう?

ここで、私が大きな啓示を受け、その後考えつづけているある修道院での儀式の話を紹介したい。

シュヴァルツヴァルト（黒い森）の修道院

フライブルクの奥にシュヴァルツヴァルト（黒い森）と呼ばれるドイツ最大の森がある。語学学校の遠足で、その奥地へカヌーを借りて遊びに行ったときのこと、人気(ひとけ)のない川岸に古めかしい建物が見えた。ちょっとした観光地になっていて、そこで製造されているチーズやワインや野菜が売られていた。引率した教師の話によれば、自給自足をしている修道院だそうで、誰もが訪問できる観光エリアとは別に、修行僧たちが暮らしている建物もあるという。修道院は厳しい修行で有名で、説明してくれた教師もその研究をしているらしかった。僧たちは無言行を行っているらしい。彼らは人に会うことを禁じられ、独房に籠もったまま生涯声を発してはならないという。対話するのは神のみ、というわけだ。ただし、彼らに唯一許された他者との出会いがあって、それは定期的に催されるゲームなのだそうだ。ルールは以下のようなものである。

無言行を行っている修行僧が集められ、A、B、二チームに分けられる。審判役の僧が、まずAチームに問題を出す。例えば、Bを頭文字に持つ都市の名前。修行僧たちは制限時間内に書けるだけのものを書き出す。バルセロナ、ベイルート、バクダッド、ベルリン、ブリュッセル、ベオグラード、ベイジン、ボーフム……。Aチームの僧たちがそれぞれに答えを書き出している間、Bチームはその様子を見ている。審判役の僧の手元には答えが一定数書かれたリストがあり、リストのなかの答えといくつ重なったかで得点が出る。次はBチームに問題が出される。例えば、木の名前。声を発することは許されていないわけだから、無言で言葉を紙に書き付けるのだろう。ケヤキ、モミ、マツ、イチョウ、オリーブ、スギ、サクラ、ヒノキ……。それを各チーム交互に行い、得点を競う。

この話を語ってくれた教師によれば、神との関係のみでは人は生きられず、ゲームは独房での生活への潤滑油と捉えられる。だが、はたしてそうなのだろうか。私には、このゲームが彼らの信仰にとって欠くことのできないものであるように思われた。

独房のなかで神を思い、神との対話において彼らは神に統合され、神を中心とした述語群を無限に増殖させていったはずである。ところがゲームの場では、与えられた問題に対する答えを要求されることになる。大抵の場合、求められる答えは名詞だろうから、紙の上には具体的な名前が思いつくままに並べられることになる。他の人間を見る／他の人間に見られるという、彼らにとって非日常的な空間のなかで、独房で紡がれた言葉の塊が、外の現実世界にあるモノの名前という断片に向かって拡散し、紙の表面に落ち着いてゆく。普段、神の名の下に統合している世界が、名前という断片に解体され、元の世界に戻っていったのではないか。そしてそのとき、世界はあらためて名付けられ、そこに再び生まれたのではないか。この転回のさなかに、修道僧たちは何を感じたのだろう。見ているほうも見られているほうも、神から解放されたその場の「空気」に、逆説的に「神」を感じたのではないだろうか。

おこがましい推測になるが、修道僧たちは、私のパリでの「神秘体験」とよく似た体験をしているのかもしれない。パリでの「神秘体験」はいろいろな偶然が重なって訪れた瞬間だったが、この修道院は「神秘」の再演が可能なシステムを編み出し、修行のプロセスに組み込んでいるように思える。独房での生活に対する潤滑油などではなく、世界と出合いなおし、信仰を強化するための裏の儀式として。

この話には、私が考える演劇のための方法論が、シンプルかつ強烈な形で出ている。修道僧たちが会するイベントは、私から見れば演劇である。彼らの場合は、独房のなかで神に統合された「私」が一か所に集められ、場所と環境（見る／見られるという状況）を変えることで神との合一に中断を入れる。それから、言葉のゲームのなかでデタラメな「乱数」を発生させ、その向かう先を外の世界へと転回させることで、そこに「空間」を（再）出現させた。私にとって一番のヒントは、空間と身体との関係性を考えるとき、それを担っているのは「言葉」に他ならないという視点であった。舞台の上で発せられる声だけが演劇の言葉なのではない。神との対話も、言葉のゲームにおける名前も、勝手にできあがる妄想も、舞台を見ているときに思うことも、すべてが言葉なのである。実際に演劇をつくっているのは、声にならない観客の言葉なのだ。観客が日常生活のなかで築いた言葉の群れを、そして客席の「今ここ」で紡ぎ出されている言葉同士の関係を、あらゆる手段を用いてずらし、ゆがめ、切断し、向きを変え、ひっくり返し、宙吊りにし、中断を入れ、あるいは言葉を失わせることができるならば、空間と身体の関係は変容し、私たちは「迷子」になることができる。そのとき、街や空気は肌で感じられるモノに化けるのではないだろうか。

演劇とはなにか?

以上が、私がドイツにいた四年半の間に体験し、演劇について考えてきたことの核である。演劇に出合ってから私の初心をつくるまでと言ってもいい。直接的な体験もあれば、間接的に聞いた話を何百回と想像していくうちに現実のようになってしまったものもある。

私は観客の立場から演劇を始め、そのことの意味をずっと考えていた。しかし、演劇を実際につくりはじめると、それなりに技術は付いてくるし、舞台(制作)の求心力はなかなか強いので、その始まりをすっかり忘れて、いつの間にか演劇＝舞台と考えるようになっていた。そうして自分を見失い、演劇制作に行き詰まり、会社勤めを始め、生活に忙殺されるなかで演劇などやめてもいいと思うようになり、そもそもなぜ演劇なんて始めたのだろうかと立ち止まったとき、自分は観客から演劇を始めたことを思い出したのだった。

これは自分にとってコペルニクス的転回だった。観客から始めた初心に立ち帰り、もう一度演劇をやり直せば自分の演劇に辿り着けるかもしれない。そう予感してPort Bという演劇ユニットをつくったのが二〇〇三年である。演劇に出合ってから一〇年が過ぎていた。

では「観客から演劇を始める」とはどういうことだろうか。

私の場合、ピーター・ブルック演出の『ザ・マン・フー』に出合ったことが演劇の世界に入るきっかけだった。観客として演劇に出合い、観客として身体感覚が変容してゆくことが衝撃的に面白かった。舞台そのものより、舞台と客席の間にある空気を自分の身体が知覚したことが何より驚きだった。これなら人生をかけてもいいと思うほどの魅力を感じた。それから『ザ・マン・フー』をもっと知るためにヨーロッパを観劇放浪しながら、また、あらゆる機会を捉えて演劇をつくりながら、空間と身体の関係が変容する体験や、そのためのヒントを探しつづけた。その途上で、ベンヤミンの『一九〇〇年前後のベルリンの幼年時代』を何度も読み、「迷子」の経験が歴史や空間を異化し、別の可能性を見せてくれることを学んだ。アヴィニョンの街では実際に迷子になり、その直後に見た人形劇では劇場で「迷子」になった。シュヴァルツヴァルトの修道院の話は人から聞いたものだが、調べたり想像したりするうちにまるで自分の体験のようになり、私が探求したい演劇の方法論を原初的な形で見せてくれた。それがパリでの「神秘体験」と結びつき、妄想の力を借りて演劇をでっちあげるのではなく、むしろ妄想を引き剝がし、世界やモノたちに出合いなおす仕組みを見つけられるかが大事だと考えるようになった。

すべてに共通しているのは、そこに「観客」としての私がいるということだ。舞台、本、街、話、空間、さらには自分自身の身体と、私は常に「観客」として向き合い、それらを受容していたのだった。問題になっているのは観客としての私の知覚であり、私を取り囲む環境であり、私の受容体験が成立する場であった。どうやら私は一貫してそれを演劇と考えてきたようだ。要するに、演劇は客席なのである。演劇とは「わたし／わたしたち（観客）の知覚の場」であり、演劇の実質とは「わたし／わたしたち（観客）の受容体験」なのだ。

演劇史に向き合う

演劇は客席である――これは個人的な体験から導き出した自己流の演劇論である。客観性に欠けるし、かなり偏っているに違いない。しかし、まずは思いきり独りよがりに、興味の赴くまま、自分の問いを深めていくことが必要不可欠だった。少なくとも私は、演劇学校には行かず、自分で舞台を見たりつくったりしながら学んでいく道を選んだ。選んだというか、そうするよりほかなかった。

けれども、演劇には二〇〇〇年も三〇〇〇年もの蓄積がある。多くの偉大な先人が演劇を実践し、思考したことを文字やイメージに残してきた。そこから学ばない手はないだろう。いろんな本を読んできたが、演劇を最もシンプルかつ的確に定義していると感じた言葉を紹介したい。再びハンス＝ティース・レーマンである。

演劇は、何よりもまず人間の特殊な振る舞いであり（演戯する、観る）、ついでひとつの状況であり（ある種の集会）、それからようやく芸術であり、そして芸術の制度である。
（ハンス＝ティース・レーマン『ポストドラマ演劇はいかに政治的か？』林立騎訳、『ポストドラマ時代の創造力』白水社）

「人間の特殊な振る舞い」とは、演じる、踊る、歌うといった舞台上での振る舞いと、観る、聞く、感じる、考えるといった客席での振る舞いのことである。それから「ひとつの状況である」とは、人が集い、ある共同体の身体がつくられることを意味する。この二つが演劇を成立させる条件であるとレーマンは定義した。たしかにこの二つを組み合わせると、どの演劇も説明することができる。簡にして要を得た定義だと言える。

自己流の演劇論も、レーマンの演劇論に突き合わせると理解が深まる。いったいどれくらい偏りがあるのか見てみると、私の場合は、人間の特殊な振る舞いのなかでも客席での振る舞いに興味があり、それ以上に、観客としての「わたし／わたしたち」の集う場に、そのあり方に関心が向いていることがわかる。

この比較は一つの例にすぎないが、このようにして自己流の考えを先人たちの演劇論に突き合わせ、独りよがりを少しずつ相対化していく。個人史と演劇史を戦わせ、折り合いをつけていくのだ。自分で自分の考えを否定するのは至難の技なので、すでに権威のある言説に試験してもらうと言ってもいい。それで否定された部分をあらためて考えなおしていくのである。

演劇やアート界隈で、頭から権威を否定し、自由に考え、自由に表現するのが一番と無邪気に信じている人によく会うが、そんなに単純な話ではないと思う。それでは、単なる共感や感情移入にすぎない「感性」は壊されず、思考の癖にすぎない「知性」は大事にされすぎて、いつまでも同じところに留まりつづけるだろう。

もちろん権威あるものがいつも優れているとは限らないし、実際つまらないものも多い。しかし、自分の感性と知性で判断できるようになるには、それなりの時間と習練が要る。であれば、まあ取りあえず良いものなのだろう、良さがわからないのはもしかすると自分の見る目がないせいかもしれない、くらいに考えておいたほうがいい。少なくとも何かを習得しようとするときは、そうした姿勢で学んだほうが得るものは大きい。とりわけ古典は、最も安心してぶつかっていける相手である。取り組めば取り組むほど新しい発見をさせてくれる。それはまた、自分の考えが粉砕されることも意味する。砕けたら、またつくりなおす。何かを学ぶとは、こうしたプロセスを繰り返していく作業なのではないだろうか。この考え自体も、前述の哲学者・牧野紀之さんの「先生を選べ」という考え方を受容し、悩みながら、躓き（つまず）ながら、事あるごとに学びなおしてきたものに他ならない（牧野紀之『先生を選べ』鶏鳴双書参照）。

しかし、まったく逆の場合もある。権威を無批判に信じて、その言説を知識として頭に入れようと真面目に勉強してしまうパターンだ。それで演劇論や演劇史のわかりやすいチャートをつくったところで、そんなものは作品をつくるうえではなんの役にも立たない。「正しい」歴史や言説を詰め込んで頭でっかちになるより、特に最初の段階では、独りよがりになってでも自分の問いを深めていったほうがいい。そうするとどうしても個人史をつくっていく作業が肥大化するが、そこからしか何も始まらないのではないか。私がどのように演劇を始めたかを書いてきた理由も、そこにある。

次の章からは、いよいよ演劇史を考察することにしよう。これは当然ながら、一般的な演劇史ではない。私なりの視点でしかないし、私が必要とするところしか拾っていない。その意味では、演劇史の捏造でさえある。「捏造」というとネガティブに響くかもしれないが、自分なりに歴史を編みなおす作業だけが、歴史に応答する制作を可能にするのだ。

「演劇は客席である」――これが、観客として演劇を始めた私が導き出した答えだった。だからといって、私は観客の立場に留まっていたわけではない。観客としての自分の身体感覚をベースにしようと決心はしたが、あくまでも作り手として、演出家という立場で演劇に関わってきた。通常、演出家は舞台上にアンサンブルを、それが演劇として成立する独自の時空間をつくることに全力を注ぐ。しかし私の場合は、自分を最初の「観客」に見立て、自らの身体感覚をアンテナにして、「わたし／わたしたちの知覚の場」をどのようにオーガナイズできるかを考える。つまり、観客の受容体験を（再）組織化すること、そして「舞台」を媒介に客席を外の世界に接続すること。これを何らかの方法で実現するのが演出だと考えている。

過去の演劇は、こうした演劇観をどう捉えてきたのだろうか。私が取り上げたいのは、古代ギリシア演劇、リヒャルト・ワーグナー、ベルトルト・ブレヒトである。いずれも「観客および客席のオーガナイズ」という点で重要な革命を起こし、古代、近代、現代の演劇をそれぞれに完成させた。

それでは、「演劇は客席である」という視点で演劇史を遡っていくことにしよう。

第2章 ギリシア悲劇

古代ギリシア世界

ギリシア悲劇を考えるために、まず、古代ギリシア世界について簡単に要点を押さえておきたい。

ギリシアは地中海沿岸にあり、古代から貿易の要所としてエジプトやアジアとの交易が盛んであった。後にギリシアの首都になるアテネは、黒海や地中海での交易によって経済的に発展した都市国家（ポリス）で、人々はギリシア神話の神々を崇拝していた。

本題のギリシア悲劇は紀元前六世紀に誕生した。アテネの大ディオニュシア祭は年に一度開かれるコンテスト形式の演劇祭で、どの劇が一番面白かったかを一〇人の審査員が投票し優勝を決めていた。その競演のなかで名を馳せた人物が、アイスキュロス、ソフォクレス、エウリピデスの三大悲劇詩人である。三三本の悲劇が現存しているが、いずれもこの三人による作品であり、すべて大ディオニュシア祭で上演されたものである。

ギリシア悲劇には舞踊や合唱を行う、「コロス」と呼ばれるコーラス隊が登場する。上演形態は、俳優の演技や所作で成り立つ場面と、コロスによる舞踊と合唱が行われる場面に分けられ、それが交互に繰り返された。

ギリシア悲劇は、ギリシア市民が共有するギリシア神話を素材にしたが、神話の暴力性を最大限に表現しながら、同時に、一つの声で語られる神話の秩序を複数の声に解体し、人間を神話から解放する後押しをした。この点が上演の面から見たギリシア悲劇の肝だと私は考えるが、それについては第一部で述べたのでここでは繰り返さない。

ディオニュソスという神について少しだけ触れておくと、ギリシア神話に登場する酒と豊穣と酩酊の神だが、出自を辿ると実はペルシアから来た外来の神ではないかと言われている。船で到来するイメージも残っているし、ギリシアに伝わる古い舞踊がペルシア周辺のクルドの舞踊とそっくりだったりするので、私はその説が本当ではないかと思っている。マレビトのように、ディオニュソスも異郷から到来した神なのだ。

ディオニュソス劇場

「演劇は客席である」と考える私が、古代ギリシア演劇を受容する際、当然ながら大事になってくるのは、古代ギリシア演劇がどのように観客および客席をオーガナイズしていたのかという問いである。この問いについて考えるには、劇場の構造に注目するのが一番だ。

左がディオニュソス劇場の図面である。名前が示すとおり、ディオニュソス神に捧げられた劇場だ。紀元前六世紀頃にアクロポリスの丘の斜面を利用してつくられた。アクロポリスの頂上にはパルテノン宮殿がある。劇場は建築当初は木造だったが、紀元前四世紀に大理石作りに改築され、一万四〇〇〇人から一万七〇〇〇人の観客を収容できたと言われている。

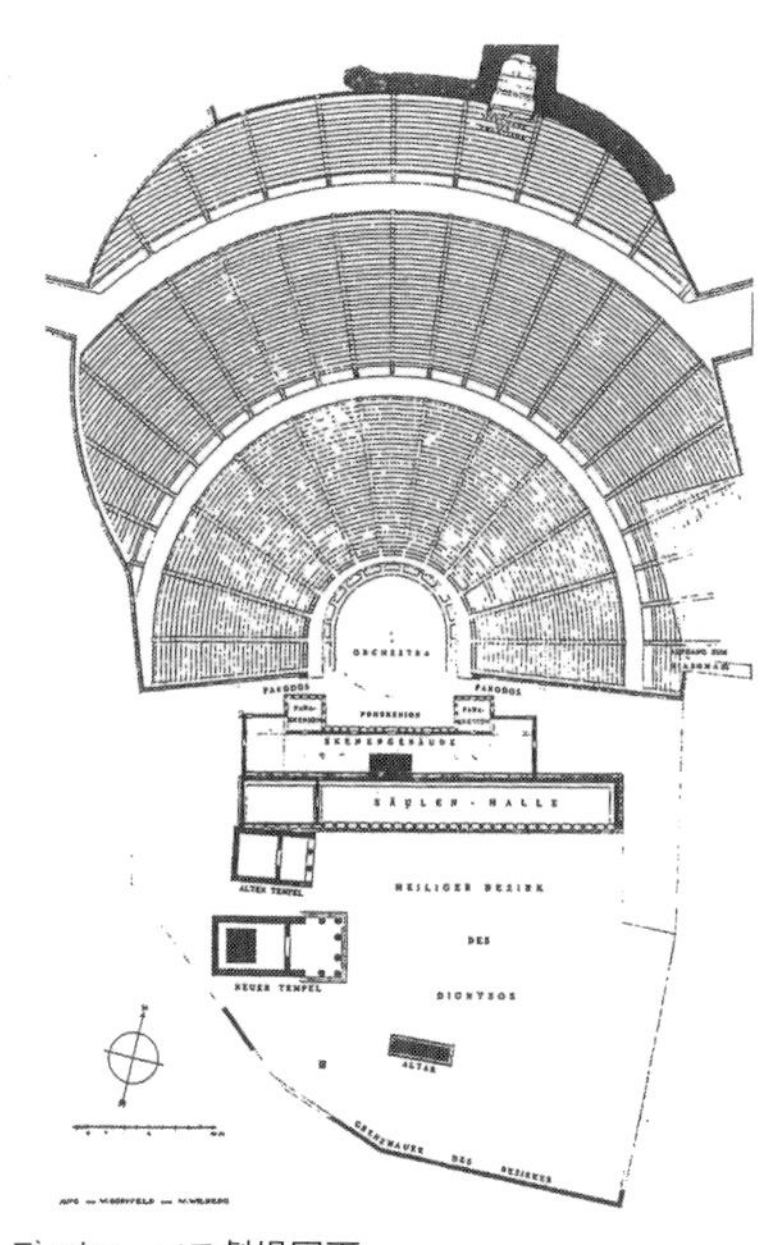

ディオニュソス劇場図面

劇場の各部分の名称と特徴について簡単に説明すると、真ん中にある円形のスペースがオルケストラ（舞踊場）で、コロスの合唱や舞踊、俳優の演技に用いられたと考えられる場所、今でいう舞台である。劇場全体からするとかなり小さく感じられるが、ここで発せられた声は客席の最上部まで響きわったらしい。オルケストラと客席の間にはディオニュソスを祀る祭壇があり、もともと祭壇が置かれていたことから、この場所にディオニュソス劇場がつくられたと考えられている。オルケストラの後方にはスケネと呼ばれる場所があり、これは舞台を意味するドイツ語のシュツェーネの語源である。ただ、これは後からつくられた俳優のための支度部屋で、創建当初にはなかった。そして、丘の斜面に広がるのがテアトロン=客席である。

この劇場を訪ねたときに最も感動したのは、テアトロン(客席)からアテネの街が一望できることだった。景色もよかったが、それ以上に、古代アテネの観客は舞台を見ながらその背後に見える街のことを考え、舞台上で上演される悲劇と自分が生活する都市国家の現実を重ね合わせていたのだ、と腑に落ちた。シアター(演劇)という言葉から現代人の多くがイメージするのは舞台だと思うが、古代ギリシアではテアトロンは客席を意味していた。このテアトロンが、シアター、テアーター、テアトル……のような演劇を指す一般名詞になったのである。「演劇は客席である」という考えは文字どおり、演劇の西洋的な起源に直結する意味なので、私の個人史と演劇の長い歴史がクロスしたような気がしてうれしくなったことを覚えている。

では、テアトロンに集ったのはどんな人たちだったのだろうか。

ギリシア古代劇場のテアトロン(客席)では、ギリシア市民が集い、民主的な議論がなされていたが、ギリシア悲劇を観劇できたのは、アテネに暮らす成人男性だけであったと言われている。彼らは「市民」と呼ばれたが、そこに女性、未成年、外国人、奴隷は含まれていない。

市民とは、成人男性のみの偏った集団だったわけである。例外は同盟を結んでいる他の都市国家から派遣された使節団で、彼らは遠路はるばるアテネまでやってきた。古代ギリシア演劇の機能として私が注目したいのは、テアトロン（客席）に集った／集められた人たちは、義務としてギリシア悲劇を観劇し、彼らが「市民」になるというメカニズムである。

古代ギリシア演劇は、どのように観客および客席をオーガナイズしていたか。その方法は「動員」であり、テアトロン（客席）に動員された人たちが「市民」になった。成人男性が劇場に動員されたということは、それ以外の人たちは劇場から排除されたということでもある。結果として、劇場に集まった成人男性が「代表」になる。大ディオニュシア祭に参加し、観劇し、コンテストの審査に加わり、アテネの問題を議論するというイベントを体験したものが「市民＝代表」となり、劇場を出て街に帰った後も「市民＝代表」として認められる。彼らは選ばれた人たちであり、排除された人たちとの差別化が、彼らに「市民＝代表」のポジションを保障した。古代ギリシア演劇は、「市民」のプロトタイプをつくる装置だったのである。

レーマンによる演劇の定義に、演劇は「ひとつの状況である」とあった。これは「人が集い、ある共同体の身体がつくられること」を意味する。では「共同体の身体」とは何か。大ディオニュシア祭を見ればはっきりとイメージできるだろう。それは自然発生的にできるものではなく、テアトロン（客席）が鋳型のように機能してつくられる人工的で集合的な「身体」のことである。これは時代や場所によって異なり、どのような「身体」を共同体が必要としているかによって変わるだろう。つまり、この「身体」は常にその時々の政治状況を反映している。では、当時のギリシアはどのような「身体」をつくろうとしていたのだろうか。

ギリシア悲劇が誕生した紀元前五世紀頃、ギリシアは大国ペルシアとの戦争の最中だった。単純に考えて、ギリシアは戦争に勝つための「身体」が必要だったに違いない。ここで重要な役割を果たすのが、時の僭主ペイシストラトスである。毀誉褒貶の多い人物だが、アテネの全盛期はペイシストラトス統治の時代であったとアリストテレスも評価しているくらいだから、政治家としての力量は疑いようがないようだ。大ディオニュシア祭も、ペイシストラトスの号令によって始められた。ということは、ディオニュソス劇場のテアトロン（客席）でつくられるべき「身体」の方向性についても、ペイシストラトスの意向が反映されていた可能性は高い。

僭主ペイシストラトス

当時、ギリシアには複数の都市国家が乱立していた。大国ペルシアとの戦争に勝つためには、ギリシア都市国家の力を結集しなければならない。そのためには、ギリシアで最大の勢力だった都市国家アテネに権力を集約するのが最も理にかなっていた。大ディオニュシア祭には、同盟を結んでいた他の都市国家からの使節団も混じっていたが、彼らはただやってきたわけではなく、召集されたのである。諸都市国家からの使節団は、アテネの富と力を目の当たりにして、関係を強化せざるをえないと感じただろう。さまざまな都市国家のモザイクをアテネ化することによって「ギリシア」を統合する、これがペイシストラトスの方針だった。

大ディオニュシア祭もその方針に従って発明されたのだろう。諸都市国家の使節団が召集され連合関係が強化されたことに加えて、そこでアテネの「市民」が誕生し、戦争の担い手でもあった成人男性の「身体」が形成された。このようにして、テアトロン（客席）において共同体の「身体」が統合されたのだ。舞台を見ながらその背後にある街のことを考え、その向こうに開ける海を見ながら来るべきペルシアとの戦いに思いを馳せる――アテネという都市国家の行くべき道を探る場が、演劇であり劇場であった。

統合されたのは諸都市国家やアテネ「市民」ばかりではない。アテネのアイデンティティを確立し、それを「ギリシア」的なものへと転換させるために、ペイシストラトスはいくつかの文化事業を発案した。

大ディオニュシア祭は、すでに見てきたように政治イベントという性格が強かったが、ディオニュソス神に捧げる宗教イベントという面もあった。外来の神であるディオニュソスがギリシアの神としての地位を確立したのは、ディオニュソス劇場が大改築され、そこで国を挙げての祝祭である大ディオニュシア祭が開かれたからである。しかも、アッティカの一〇の部族から選出された一〇名による投票で優勝を決めるコンテスト方式のイベントである。否が応でも盛り上がるだろう。コンテスト審査があるということは、価値基準をつくって方向性を定められることを意味する。コンテストに参加して勝つためには、観衆の好みを考え、審査基準に応えようとするのが自然だろう。

このように、劇作家と市民の欲望の渦のなかでギリシア悲劇は発展していった。そこではどのような悲劇作品が優れたものとされたか。ペイシストラトスの意向は反映されていたのか。今となってはわからないが、ペイシストラトスが行ったもう一つの文化事業から推察することはできる。

ホメロスによる大叙事詩『イリアス』と『オデュッセイア』は、一人の詩人によるものではなく、複数の職業詩人たちによってさまざまに語られていたという説がある。その説によると、さまざまな方言や外国語が混じっていたらしい。それを集成して一つに統合せよと号令をかけたのもペイシストラトスだった。民族や社会にとって最も影響力の大きな物語をまとめあげ、スタイルを統一し、文字化する。こうして神話は制度となり、共同体を統一する力になっていく。

このような文化事業を実行に移す人物だから、ギリシア悲劇に対しても何らかの働きかけをしたことは容易に想像できる。しかも自分が発案した演劇祭である。ギリシアをまとめあげ、ペルシアに勝利するために、政治だけでなく、言語的・文化的な統合も目論んでいたのだろう。

アテネがギリシア世界の政治・文化の中心になっていくなかで、ギリシア悲劇は完成した。逆から見れば、ギリシア世界のアテネ化を進める機能として、ギリシア悲劇は制度化されていったのである。

その過程を想像するために、ギリシア悲劇の成り立ちを遡ってみよう。

山羊の歌

アリストテレスはギリシア悲劇を論じた『詩学』のなかで、悲劇はディテュランボスから発生し、発生の初期においてはサテュロス劇風の様相であったと述べている。場所はペロポネソス。ディテュランボスは「酒神讃歌」と訳されるが、元々はディオニュソス神を讃える崇拝の歌だった。輪になった五〇人ほどのコロスがディテュランボスを踊りながら合唱し、コロスを構成する踊り手・歌い手たちは半人半獣のサテュロスという精霊の恰好をしていたと言われる。サテュロスはディオニュソスとは何の関係もなかったが、もともとあった狂乱的なサテュロスのお祭りを、酒と豊穣と酩酊の神ディオニュソスを讃える祝祭に接続したのだろう。こういった現象は世界中どこにでも見られる。日本でいえば、大陸から来た仏教の祭儀をもともと日本にあった神様の祭りにくっつけ、融合し、ローカルな感覚を残しつつ発展させたようなものである。野性的な部分やケモノ的な要素がない祝祭は盛り上がらないから、半人半獣の我らがサテュロスを外からやってきたディオニュソス神に従えさせたわけだ。サテュロスは山羊の衣装で登場したことから「山羊」と呼びかけられていた。そのサテュロスの歌う歌だから「山羊の歌（トラゴイディア）」。「悲劇（トラゴイディア）」の語源である。いつしか舞台上から山羊はいなくなり、言葉のなかだけに残った。「山羊の歌」は、現在理解されているような悲劇ではなかった。では、「山羊の歌」はどのようにして「悲劇」になっていったのだろうか。

当時のアテネに山羊はいなかったらしいが、ペロポネソスからやってきた奇異なお祭りとそこで崇められているディオニュソスは次第に影響力をもちはじめ、流行りの神として崇拝されるようになる。おそらく新興宗教のようなものだったのだろう。ペイシストラトスはこの新しい神に注目し、国家的イベントである大ディオニュシア祭が催されるようになった。時代の流れを見抜き、ディオニュソス信仰に確固たる形を与えようとしたのである。

アリストテレスが『詩学』のなかで述べているように、悲劇は長い間滑稽で陽気な要素を保っていたらしい。大ディオニュシア祭において、メインは悲劇三部作の上演であったが、喜劇的なサテュロス劇も各日の最後に上演されたようだから、国家的イベントにも元々あった野性的な部分は残ったのだろう。多くの観客は、むしろラストのサテュロス劇を楽しみに、だんだんと今残っているような悲劇になっていく「悲劇（トラゴイディア）」を観劇していたのかもしれない。

「山羊の歌」はもともと合唱であった。合唱隊をリードする頭唱者が、合唱の投げかける問いに返答する形はすでにあったが、そこに革命が起きる。この頭唱者が合唱隊から独立し、「応答する者」という意味の「俳優」になる。この発明によって、劇は合唱を行うコロスと「応答する者／俳優」との間で展開されるものになった。劇的なものへの大きな一歩が踏み出されたのだ。

「俳優」を発明したのはテスピスという人物だと言われている。コロスに「応答する者」として自ら仮面をつけて舞台に立ち、大ディオニュシア祭の初回の優勝者になった。残念ながらテスピスの劇は残っていないが、即興的な要素のある、陽気で大らかなものだったと推測されている。俳優の発明が知られるだけのテスピスだが、彼の演技を描写した興味深い文章があるので紹介しよう。

〔…〕「ディオニュソスの船車」を描いたボロニアの瓶画は、彼〔テスピス〕の演技を暗示しているかのように思われる。ディオニュソスは二、三の〔…〕サテュル〔サテュロス〕に伴われて、車の上に置かれた船にのってゆく。それはアッティカの土地へのディオニュソスの到来（エピファニー）を取り扱っているかのようである。チルレニアの海賊に関する彼の逢遭を物語るかの如く、神は島から島へと勝利に誇りながら経めぐり、ついにアッティカの地に上陸する。

（林達夫「ギリシア悲劇の起源」『林立夫著作集1　芸術へのチチェローネ』平凡社）

当時の政治家から胡散臭い奴だと思われていたに違いないテスピスと、新興の神ディオニュソスの到来が重ねて描写されている。ディオニュソスは島から島へと伝播し、ウイルスのように人々に感染しながら、アテネの街にやってきたのだろう。テピウスもまた車に乗って移動し、人に会うと即興の演技を披露したらしい。

テピウスが優勝した初回から半世紀後、三大悲劇詩人のなかでおそらく一番真面目で、アテネを守る軍の要職にもついていたアイスキュロスが登場し、初優勝を飾る。俳優を一人から二人にして「対話」を創始し、劇を神話的な内容にすることで、「悲劇」を真に「悲劇的」なものへと高めた人物である。アイスキュロスによってギリシア悲劇は完成し、ここから円熟期を迎えていくことになる。ペイシストラトスの文化事業は半世紀を経て、ついにその政治的意図を成就したのである

国家の祝祭

「山羊の歌」が生まれてから、「悲劇」として完成するまでの過程を見た。ペロポネソスで民

衆に広まっていたディテュランボスという酒神讃歌が、ディオニュソスへの讃歌となり、ギリシア各地に広がり、アテネにも入ってきた。新興宗教の神であるディオニュソスに目をつけたペイシストラトスは、アテネを興隆させ、ギリシアを統合するためにその力を利用しようと考えた。こうしてディオニュソスの神殿がつくられ、大ディオニュシア祭が催されるようになる。初回の優勝者はテスピスで、おそらくは相当にディオニュソス的な人物だったと思われるが、半世紀後にアイスキュロスが登場し、政治イベントであり、国家的祝祭でもあるギリシア悲劇を完成させた。

この半世紀の間に、言語的にも芸術的にもテーマ的にも、ギリシアのアテネ化が推進され、アテネがギリシアを代表するようになった。

一説によれば、「山羊の歌」の初期は即興がメインで、コロスの部分はイオニア語、台詞の部分はドーリア語といったようにさまざまな方言や外国語が混ざっていたという。それが『イリアス』や『オデュッセイア』が編集されたのと同様に、大ディオニュシア祭を通して一つのギリシア語へと統合されていった。

コンテスト形式の審査は、作家の側だけでなく、審査する「市民」の側にも大きな影響を及ぼしたはずである。大ディオニュシア祭が終わると、審査に不正がなかったか議論されたというのだから、その徹底したやり方には驚くほかない。

また、アイスキュロスの戯曲から文字として残され、保存されるようになったのは、おそらく偶然ではないだろう。制度としてのギリシア悲劇が完成したことの証だと思われる。観劇時だけでなく、さらに大ディオニュシア祭の最中だけでなく、準備から審査のチェックまで含むすべてのプロセスが祝祭だったはずで（それは現代のどの自治体によるお祭りでも同じだ）、国をあげて「市民」をつくり、共同体の「身体」をつくる、この総体が「ギリシア悲劇」だったのだと私は考えている。

以上、ギリシア悲劇が観客および客席をどのようにオーガナイズしてきたかを見てきた。テアトロン（客席）からギリシア悲劇を捉えなおすと、第一部で考察した上演面でのギリシア悲劇の特徴とは違った面が見えてくる。私にとってのギリシア悲劇とは、何よりもテアトロン（客席）であった。テアトロン（客席）とは何か、客席を拡張するとはどういうことかを考えていくと、ギリシア悲劇に留まらず、演劇の見え方も変わってくる。

ギリシア悲劇は「観客」をつくる装置であった。この場合の「観客」とは、アテネという都市国家の「市民」であり、それは共同体の「身体」でもあった。これはギリシア悲劇に限ったことではない。時代や状況によって、演劇／劇場は異なる「観客」をつくり、それが「民衆」や「民族」、「国民」や「階級」といった「身体」になり、共同体の一つのプロトタイプとして組織されてきた。動員／排除のシステムによって、テアトロン（客席）に共同体をつくってしまうのが、演劇／劇場の最大の機能なのだと言ってもよい。その力は、毒にもなれば薬にもなる両義的なものであった。

このようにして、私は「演劇は客席である」という問題意識から演劇史を学び、演劇とは何かを考えていく。メチャクチャだと思う方も多いだろうが、こういうやり方以外に創作に役立つ演劇史の学び方（つくり方）はないのではなかろうか。

自分の演劇観を一般的な演劇史にぶつけて、演劇観に修正を加えながら、演劇史を読み替え、連結できるポイントを探り、演劇活動に活かしていく。自分の誤りやつまらなさを思い知ったり、演劇史の持つ豊かさや複雑さに圧倒されたりする。学問ではないので、正しいか間違っているかは問題ではない。むしろ間違いにこそ可能性が潜んでいるかもしれない。

人それぞれさまざまな方法があると思うが、これは突飛なようで実はオーソドックスな方法ではないかと思う。私のギリシア悲劇解釈が自分の活動にどのように活かされているかは後ほど述べるが、私の例だけではあまりに客観性に乏しいので、ギリシア悲劇を自らの起源であると考えた西洋演劇が、ギリシア悲劇をどのように捉え、どうやって受け継ごうとしてきたか、その具体例を見てみよう。

オペラの誕生

ギリシア悲劇がどのように上演されていたかは永遠の謎だが、すべての言葉が節をつけて歌われていただろうと長年考えられていた。ルネサンスの末期、文芸復興の中心地の一つだったフィレンツェに、貴族、ギリシア・ローマ研究者、詩人、音楽家などが集まった「カメラータ」と称するアカデミーがあった。彼らもまたギリシア悲劇のすべての台詞は歌われていたと考え、ギリシア悲劇を音楽劇として「復興」しようとした。ルネサンスの時代にはアカペラの合唱曲が最も美しい音楽とされていたが、音楽性を優先しているため歌詞が聞き取りづらかった。その難点をギリシア悲劇の音楽劇化によって乗り越えようとする意図があったのだろう。

過去のものがその後の時代に受容される際に、その時代が抱える問題を乗り越える方向で利用されることが多いのは当然である。宗教的な感情を昂揚させるだけでなく、言葉を聞かせ、物語を展開できる音楽劇の形式が必要とされていた。音よりも言葉を、音楽よりも劇を、合唱よりもモノディ（単声の歌）を時代が求めはじめていたのだろう。その背景には、人間が世界の中心となる、ブルジョア社会の興隆と近代科学技術の誕生があった。科学者ガリレオ・ガリレイの父親がモノディの創設者の一人であったのは象徴的だ。

その後の研究によれば、ギリシア悲劇は音楽劇として上演されてはおらず、コロスの部分のみ歌われ、台詞は発話されていたと考えるのが一般的だ。ということは、フィレンツェのギリシア悲劇復興は間違いだったことになる。しかし、ここに新しい音楽劇が生まれ、それが後にオペラと呼ばれるようになった。間違いから、新しい音楽劇・オペラがつくられたのである。

ヨーロッパの首都・アテネ

もう一つの例として、ギリシア悲劇を生んだ都市国家アテネが、その後のヨーロッパにどう受容されていったかという話をしよう。

オスマン帝国の支配からの解放を目指し、ギリシア独立戦争が開始されたのは一八二一年のこと。古代ギリシアにヨーロッパの理想を見ていた人々がヨーロッパ中から駆けつけた。なかでも有名なのはイギリスのロマン派詩人バイロン卿で、詩集『チャイルド・ハロルドの遍歴』によってヨーロッパ中に熱狂を引き起こした。この親ギリシア主義の背景には、ルネサンス以来の古代ギリシア崇拝があり、ギリシアをイスラム教徒の手から解放し、再生させようというヨーロッパ人の思いがあった。他方で、当時のヨーロッパはウィーン体制によって安定していたが、ウィーン体制以前にナポレオンがもたらした自由主義的思想を復活させ、新たなヨーロッパを生み出そうとする人々は、ギリシアの独立に希望を託していた。

一八三〇年のロンドン会議でギリシアは独立を承認されるのだが、それはヨーロッパ列強の思惑によるものにすぎなかった。初代国王にはバイエルンの王子オトンが選出された。そして新生ギリシア王国の首都はアテネになった。当時のアテネは人口五〇〇〇人の田舎町に過ぎず、政治経済的にはもちろん、文化的にも重要な街ではなかった。ヨーロッパ人の古代ギリシア崇拝が、豊かな遺跡があるというだけの理由でアテネを首都とさせたのである。当のギリシアの人々は反発したそうだが、その背景には、ギリシアはヨーロッパに属するのではなくビザンツ世界の一部であるという意識があった。

アテネが首都になると、埋もれていた遺跡が発掘され、その宝の数々は列強に収奪された。ギリシアと聞いてイメージされるものの一つに大理石の彫刻がある。ところが、あの白は色が剝ぎ取られた結果で、もともとは派手な彩色が施されていた。建物にも東方的な色付けがなされていたが、彫刻と同じようにすべて消されたのである。アテネはヨーロッパ文化の起源であり、エジプトやメソポタミアやイスラム世界の影響を受けていてはならないというわけだ。真っ白な状態に加工された彫刻はヨーロッパ列強の博物館や美術館に運ばれ、ヨーロッパの起源としての古代ギリシアを表象するようになった。

また、発掘の際、貴重なデータを提供する本として重宝されたのがパウサニアスの『ギリシア案内記』だった。この本は世界最古の観光ガイドブックと言われている。おすすめルートに従って名所を案内していくスタイルが、遺跡が埋まっている場所の推定を容易にし、アテネを発掘／デザインしていく「設計図」になったのだ。アテネは、他所からやってきた旅行者を案内するガイドブックによって再発見／再創造され、「ヨーロッパの首都」を演じるようになったのである。「ヨーロッパの首都」とは、もう少し正確に言えば「ヨーロッパのテーマパーク」ということだ。それは現在のアテネが自らのアイデンティティとして生きるイメージであり、いまだに多くのツーリストを惹きつけているものでもある。

歴史は繰り返す

古代アテネはギリシアが持っていたさまざまに異なる要素を統合した。それは「山羊の歌」が「悲劇」へと変容していく過程とパラレルであった。

ルネサンスの文芸復興の波によってギリシア文化は熱心に研究されるようになり、一六世紀のフィレンツェでは、ギリシア悲劇の間違った受容がオペラを生むことになった。ギリシア悲劇のヨーロッパ化の一例である。

それは文化の領域にとどまらず、政治の世界でも行われた。一八世紀にアテネの遺跡がヨーロッパ列強によって発見され、アテネが新生ギリシアの首都とされ、「ヨーロッパのテーマパーク」として（再）創造されていくなかで、アテネはヨーロッパ化されていった。古代アテネによるギリシアの統合が、今度はヨーロッパによるギリシアの統合という形で再演されたわけである。

歴史の捏造だと言ってしまえばそれまでだが、今ここでそれを批判するつもりはない。西洋近代を中心とした歴史の運動とは、過去にあったものを異物として受容し、自身のうちに統合するプロセスだからである。とりわけヨーロッパの文化を見ていくと、良くも悪くもそのダイナミズムがすさまじく、統合していく暴力的な力が歴史をつくっていると感じる。その力のありようを学ばないことには、そうした暴力に抗うことさえできないと思うのだ。

次に、自分こそがギリシア悲劇の真の継承者だと信じ、演劇に革命を起こした人物を見てみよう。近代演劇の完成者リヒャルト・ワーグナーである。

第3章　ワーグナー

ドイツのオペラ作家リヒャルト・ワーグナー（一八一三‐一八八三）は、私が考えようとしている演劇史にとって、なくてはならない存在である。自分の楽劇は音楽とドラマを統合するのみならず、音楽、文学、舞踊、絵画、建築などあらゆる種類の芸術が融合され、統一された「総合芸術（Gesamtkunstwerk）」であると主張した。ワーグナーは、楽劇の創作という点のみならず、観客および客席をどうオーガナイズするかという点においてもさまざまな革新的発明を成し遂げた。それは近代演劇の完成を意味するものであった。また、巨大な楽劇を祝祭という形で上演しようと企て、それを実現した人物でもある。ワーグナーの頭には古代ギリシアの大ディオニュシア祭がイメージされていたのだろう。

本題に入る前に、ワーグナーがどんな時代を生き、どのような人生を送ったかを簡単に振り返っておきたい。

ワーグナーは一八一三年、ライプツィヒで生まれた。父親がすぐに亡くなり、母親が再婚したことでドレスデンに移る。経済的にも文化的にも恵まれた家庭というわけでなかった。音楽の英才教育も受けていない。ギリシア語や演劇に興味を持ち、『オデュッセイア』やシェイクスピアの戯曲を翻訳していたが、一八二八年（一五歳）にベートーヴェンの音楽に接し、音楽家になることを決意する。苦労して作曲家になり、パリに行くが三年の滞在で成果を出すことができず、一八四二年（二九歳）にドレスデンに戻ってくる。『リエンツィ』が大成功し、そのままドレスデン宮廷歌劇場の指揮者に就任した。そこで『さまよえるオランダ人』、『タンホイザー』を初演するなど、キャリアを積み上げていくが、一八四九年（三五歳）にドレスデン革命に参加。指名手配されたため、命からがらスイスに亡命する。ドレスデンでは革命家のバクーニンと知り合っている。それから一五年間の亡命生活を送る。お金に困ることが多く、つねに借金まみれで、踏み倒したり夜逃げしたりすることもたびたびだった。一八五一年（三八歳）にはすでに『ニーベルンゲンの指環』四部作の構想が語られている。一八六二年にビスマルクがプロイセン王国首相になり、ドイツは統一への道を歩みはじめた。六一年、『タンホイザー』が長年憧れていたパリのオペラ座で上演されるが、妨害により三回きりで公演を潰される。翌年一八六二年（四九歳）に祖国追放が全面解除になる。その頃二人目の妻コジマと出会い、以後ワーグナーの精神生活は安定に向かっていくことになるが、経済的にはどん底で、どうにも首が回らなくなっていた。そこへ一八歳で即位したばかりのバイエルン国王が現れる。ルートヴィヒ二世が大パトロンになったわけである。一八六八年（五五歳）にはミュンヘン宮廷歌劇場で『ニュルンベルクのマイスタージンガー』が国王臨席のもと初演された。同年、ワーグナーをフリードリヒ・ニーチェが訪ねたことから二人の親交が始まる。一八七一年、プロイセンは普仏戦争に勝利、プロイセン王ヴィルヘルム一世が皇帝となり、ドイツ帝国が建国された。同じ年、ワーグナーはバイロイトを訪れ、『ニーベルンゲンの指環』四部作を上演するための祝祭劇場建設の地とすることを決意、翌年にはバイロイトに移住している。それから資金集めやバイロイト祝祭劇場の建設、バイロイト祝祭の準備に奔走する。実現までの途中で資金が足りなくなったが、この危機を救ったのはまたしてもルートヴィヒ二世だった。一八七六年（六三歳）、ついにバイロイト祝祭が開幕された。こけら落としを見にきたニーチェは、幻滅のあまり途中で田舎の保養地に逃げ出してしまったという。一八八二年（六九歳）舞台神聖祝典劇『パルジファル』をバイロイト祝祭劇場で初演。その後一八八三年（六九歳）、旅行先のヴェネツィアで客死した。

集中せよ

ワーグナーが観客の体験をどうオーガナイズしようとしたか、そのためにどういう客席をつくろうとしていたかについては、自身も設計に関わりその思想を実現したバイロイト祝祭劇場を見るのがよい。左の写真をご覧いただきたい。

バイロイト祝祭劇場は木造建築である。ワーグナーは自身の楽劇を上演するためにこの専用劇場をつくり、自分が理想とする環境で観劇してもらうにはどうすればいいかを徹底して実験した。その意味でバイロイト祝祭劇場は実験のための仮設モデルなのだが、その分ワーグナーのコンセプトがはっきり出た形になった。あとからもっとしっかりした劇場に移行することを考えていたらしいが、木造ゆえの音響があまりに素晴らしいのと、資金を集められなかったため、「仮設劇場」のまま現在に至る。客席が改築も増築もされていないのは、現在の消防法の基準だとすべてを変えなければならないからで、今の状態を保持しつづけることが最優先にされている。

客席（＝テアトロン）に目をやると、小さな木の椅子が古代の円形劇場風にずらりと並んでいる。これは通常の劇場の客席よりも狭く、かなり座り心地が悪い。長時間の観劇を数日間続けるには相当な体力と忍耐が求められる。そしてこの客席には縦に延びる通路が両端にしかな

バイロイト祝祭劇場

い。つまり、上手から下手まで一列に椅子が並んでいるだけなのである。座席の前を通る余裕はまったくないので、誰かが観劇中にトイレに行くとなったら、その列の人は席を立って通り道をつくらければならない。ワーグナーは客席の構造をこのようにすることで強制装置として機能させ、「上演が始まったらトイレに行くな、休憩もするな、最後まで観劇に集中しろ」というメッセージを発しているのである。

客席のまわりにはギリシア風の列柱が並んでいる。ワーグナーは自分こそがギリシア悲劇の真の継承者だと考えていたから、その意志が装飾になっているのである。柱には照明器具が設置されており、客電が灯っている。上演中は客電が消され、客席は暗転される。今では一般的になっているこのやり方を最初に規則化したのは、ワーグナーだった。ここでも観客の集中を促す環境が模索されているのがわかる。

観客の視線

左がバイロイト祝祭劇場の一八七六年当時の図面である。この劇場の実際の設計者は誰であったかは判断の分かれるところだ。ルートヴィヒ二世の依頼でミュンヘンにワーグナー祝祭劇場をつくる計画が持ち上がり、ワーグナーはすぐに建築家のゼンパーに依頼をしてプランを練りはじめた。ゼンパーはドレスデン時代以来の同志で、革命の際に街のバリケード建設を指揮した人物である。ミュンヘンの図面はいくつも残っているが、この計画が実現することはなく夢に終わった。これに懲りたのか、ゼンパーはバイロイト祝祭劇場の設計には関わっていない。当初、ワーグナーはヴィルヘルム・ノイマンに依頼した。ところが劇場の装置や美術を担当していたカール・ブラントと結託してすぐにノイマンを解雇、今度はオットー・ブリュックヴァルトに変更する。ワーグナーの強いこだわりが見て取れるようだが、現場の感覚や使う側の勝手を優先したかったのだろうし、何より自分の理念を実現したかったに違いない。舞台の技術

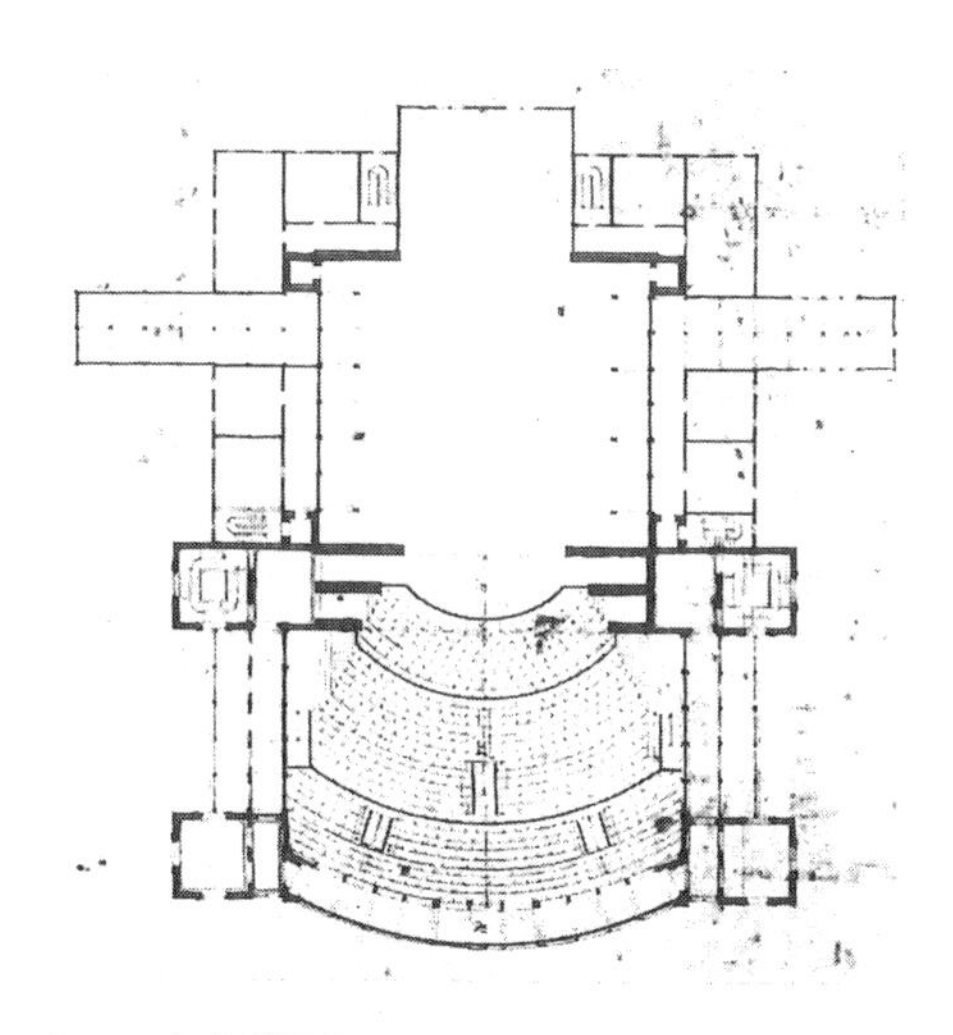

バイロイト祝祭劇場図面

的なことを熟知するブラントがアドバイザーになり、ワーグナーの「こんなように、あんなように」といった注文にブリュックヴァルトが建築的に応えていった様子が目に浮かぶ。

　オーケストラピットを目立たせなくする構想は、すでにゼンパーの案のなかに出ていた。この案をノイマンは踏襲しているが、ノイマン案と最終形のブリュックヴァルト案の大きな違いは、客席の角度と舞台奥の深さである。最終案のほうが客席の角度が狭くなっており、横を削った分を後ろに付け足している。舞台奥もブリュックヴァルト案のほうが深くなっているから、全体として細長くなった印象だ。これは何を意味するのだろうか。

　舞台奥が深くなると、単一の軸線上により大きな透視図法的な舞台装置を組み立てられるようになる。すると、遠近法の消失点も奥になるから、観客の視線はより遠くに、舞台奥へと引き込まれることになるというわけだ。視線が奥に引き込まれるほど観客の意識は舞台に持っていかれ、うまくはまれば最高度に没入させることが可能となる。あまりに遠いと気が逸れてしまうが、その按配を模索した結果の変更であるように思われる。客席の角度を狭めたのも同じ理由で、角度が広いと観客は散漫になりやすいので、できるだけ正対して集中してもらうことを考えたのだろう。

また、ワーグナーはどの席から見ても同じ景色が見えるようにしたかった。通常のオペラ劇場にあるサイドのボックス席をなくしたことからも明らかなように、劇場は舞台を鑑賞するための場であり、社交やお喋りの可能性は排除されている。誰にとっても同じ経験ができるという意味では、非常に民主的な劇場と言えそうだが、そこでの対象は一人一人の観客というより、「一つ」になった観客であった。観客は暗闇で「一つ」になり、舞台上の出来事に没入できるよう劇場全体が設計されている。ワーグナーによって、劇場は観客が集中して舞台を見る場になった。ワーグナーが近代演劇の完成者だと考えられる所以である。

ちなみに、この構造は当時すでに発明されていたパノプティコン（全展望監視システム）の裏返しであることを付け加えておこう。パノプティコンは刑務所などの施設を効率よく監視するためのシステムで、円形に配置された収容者の個室が中央の看守塔に面するよう設計されている。収容者たちからはお互いの姿や看守が見えない一方で、看守からはすべての収容者を監視することができた。この構造が裏返しに利用され、バイロイト祝祭劇場は観客全員が舞台の

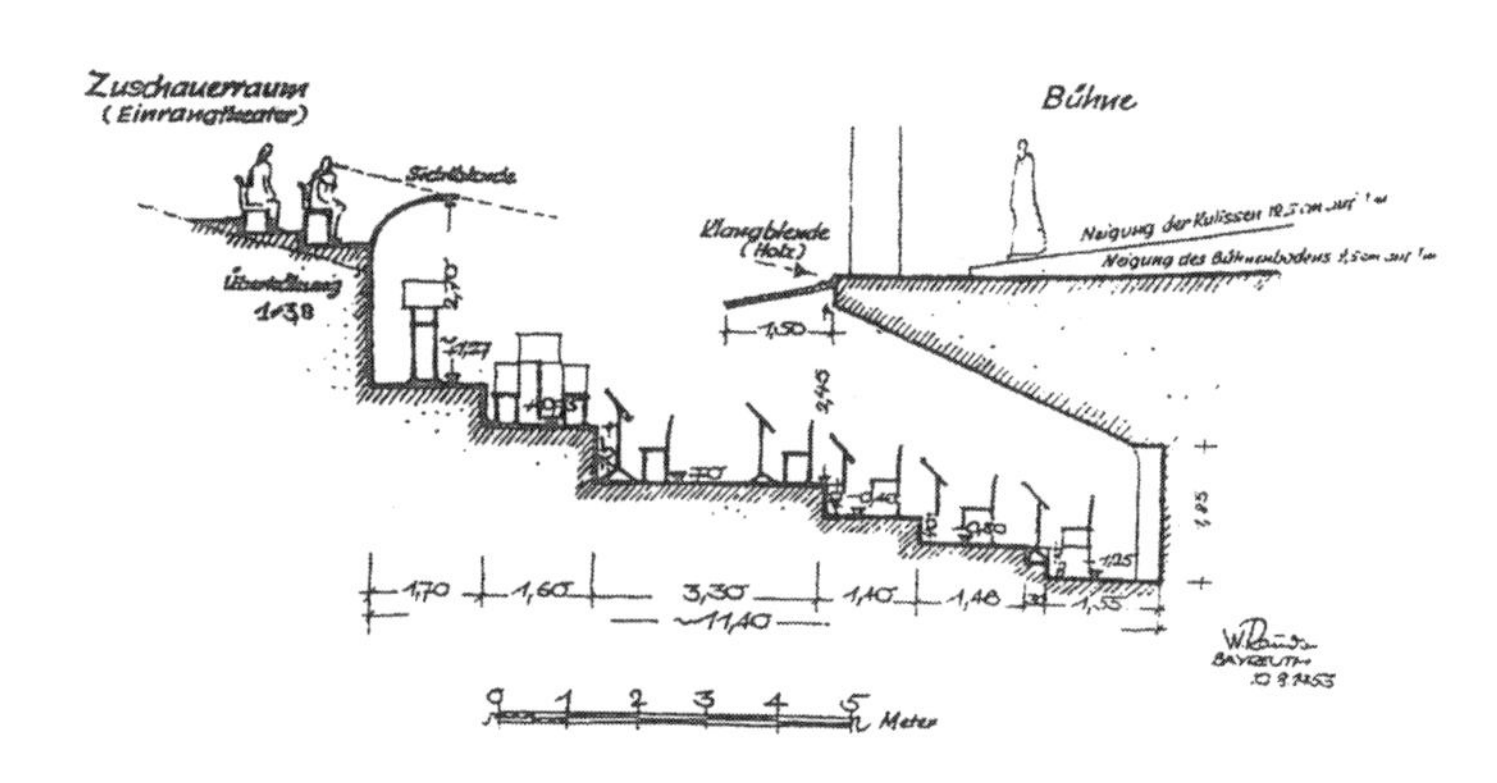

バイロイト祝祭劇場のオーケストラピット

すべてを見ることができるよう設計されていたのである。これもまた、観客が「一つ」になることを意図していた。

神秘の深淵

次にバイロイト祝祭劇場のオーケストラピットを見てみよう。図の左側が客席で、右側が舞台になっている。その間にオーケストラが収まる構造は同じだが、通常では考えられないほどに深くなっていて、客席からは指揮者を含めオーケストラがまったく見えない。それまでのオペラ劇場は、舞台と客席の間にオーケストラが存在して、観劇する際はオーケストラが演奏する背後に舞台を見るのが普通だった。この構造が観客の集中を殺ぐと考えたワーグナーは、オーケストラをピットごと地下深くに沈めてしまった。なかに入ると狭い穴蔵に閉じ込められたようでかなりの圧迫感を感じるが、ここにも観客を舞台に集中させようというワーグナーの意思が貫かれている。

この構造は視覚的な面だけでなく、絶大な音響的効果ももたらした。オーケストラの音が、地の底から鳴り響くように劇場空間全体を包み込み、しかも舞台上の歌手の声と混じらない。木造であることに加え、客席の下は空洞だから、劇場空間全体が木でできた洞（ほら）のように振動する。あまりに響きすぎるため楽器同士のバランスが難しく、オーケストラの配置にも独特の工夫が必要なほどで、いわば劇場そのものが高性能の楽器のようになっていた。

また、オーケストラピットのなかを暗くするため、譜面灯にもさまざまな工夫が施されたという。当時使用されていたオイルランプにランプシェードを取り付けることを、ワーグナーは思いついた。それでもオーケストラピットから光が漏れるので、漏れなくなるまでランプシェードに改良が加えられていったという。いかにワーグナーがオーケストラピットにこだわったかが窺い知れる話である。そこにワーグナーが目指す演劇の特徴も出ているように思う。

死者を生者から隔てるように、演技者を公衆から隔てているこの深淵、演劇のさいには沈黙して崇高性をたかめ、オペラのさいには鳴りひびいて陶酔をたかめるこの深淵、舞台のあらゆる要素のうちで、その起源である儀式の痕跡をもっとも濃厚にとどめているこの深淵〔…〕。

（ヴァルター・ベンヤミン「叙事的演劇とはなにか」野村修訳、『ヴァルター・ベンヤミン著作集9 ブレヒト』晶文社）

ベンヤミンの考えるオーケストラピットの定義である。ワーグナーは、当然ながらベンヤミン以上にオーケストラピットが持つ「宗教儀式的な起源」に精通していた。そして、「宗教儀式」にとって音や音楽がどれだけ重要な役割を果たすかも熟知していた。ワーグナーはオーケストラピットにこだわった。バイロイト祝祭劇場において観客が体験すべきは、単なる舞台ではなく、「祝祭」だったからである。そのためには見るだけでは不十分で、聞くという音の振動に包まれる体験がなければ「祝祭」は完成されないと考えたのだろう。

没入と同化を誘導する装置としての劇場

以上、ワーグナーが観客の体験をどのようにオーガナイズしようとしたかを、バイロイト祝祭劇場の構造と、そこで開発された観劇のルールから確認した。ワーグナーが行った劇場に関する改革をまとめると、観劇中の入退場の制限、客電の消灯、オーケストラピットの地下化、観客が舞台のすべてを見ることができる構造、となる。

こうした変革によって、劇場体験とは舞台を集中して見ることであるという近代演劇のルールが築き上げられた。このルールはいまだに有効で、例えば私たちが「いい舞台だった」というとき、集中したとか、我を忘れたとか、没入したとか、すごい強度だったとか、そういった類の言葉は基本的に褒め言葉の意となる。しかし、ワーグナー以前は違っていた可能性がある。お弁当を食べながら見たり、社交の場になったり、好きなときに出入りしたり、お日様の下で楽しんだり、といった散漫さが愛されていた時代もあっただろう。むしろ、真っ暗闇のなかで舞台だけに集中するほうが異様だったのだ。今では上演の途中で劇場を出るとなんとなく後ろめたさを感じるが、現在まで続くそうした価値基準のベースはワーグナーによってつくられたと言ってよい。その意味でワーグナーは近代演劇の完成者であり、実はいまだに有効性を失っていない。現代演劇の多くが近代演劇の価値観の上に成立しているからである。

観客は一つになって舞台に没入せよ――この命題が持つ一体感はどれほどのものだったろう。ワーグナーが客席（テアトロン）で組織しようと試みた一つの「身体」は、共同体において何を代表し、どんなプロトタイプを構成したのだろうか。ギリシア悲劇を引き継ごうとしたワーグナーは、古代ギリシア演劇がつくった「市民」をどう考えていたのか。これらの問いを考察するためには、ワーグナーが創作した楽劇の特徴を見なければならない。

神話・伝承を素材にする

ワーグナーは生涯で一〇本のオペラおよび楽劇をつくっている。『ニュルンベルクのマイスタージンガー』を最後に、歴史を題材にするのをやめて、神話や伝承に材を求めるようになる。ドイツが国民国家の形成に向けて歩みはじめた時代にワーグナーは生きた。そのうねりのなかで、ワーグナーの楽劇は民衆の精神的支えになり、それが彼に大きな成功をもたらしたことは否定できない。ゲルマンという民族共同体を統合するための神話が期待されていたからである。ナショナリズムの高揚がワーグナーに特別な地位を与えたわけだ。しかし、ワーグナー自身は当時のナショナリズムに完全に賛同していたわけでなく、国民国家のための創世神話を提供しようなどとは考えていなかった（後述するが、ワーグナーはかなり独特な統一ドイツ像のイメージを抱いており、芸術による「市民共同体」の創造を目指そうとしていた）。いずれにせよワーグナーの目指す方向と時代のうねりとは、折りよく合流することになったのである。

ワーグナーが神話や伝承に向かうようになったきっかけは、普遍的な人間や世界を描きたいという欲望だったようだ。ただ、グリム童話がそうであるように、ゲルマンの神話は伝承の寄せ集めであり、多様すぎて神話が持つシンプルで強い構造を持たなかった。そこでワーグナーが模倣したのが、ギリシア悲劇の構造である。とくに影響を受けたのが、神話的傾向の強い『オレステイア』三部作と『縛られたプロメテウス』だった。いずれもアイスキュロスの作品である。大ディオニュシア祭で悲劇は常に三部作として上演されたが、『オレステイア』は三部すべてが残った唯一のギリシア悲劇である（『アガメムノン』『供養する女たち』『慈しみの女神たち』）。その点でも大きな示唆を受けたに違いない。

ワーグナーはギリシア悲劇を再興すべく、多様でモザイク的なゲルマンの伝承に向き合った。細部を削り、ノイズをカットし、差異を圧縮し、太くて強い神話へと束ね上げていく。ペイシストラトスの発案によって始められた大ディオニュシア祭が「山羊の歌」を「悲劇」に統合していく半世紀のプロセスを、ワーグナーはゲルマンの伝承を相手に一人で成し遂げたようにも見える。個人の仕事ではあるが、そこには大ディオニュシア祭に参加していた「市民」が果たしたのと同様の、高揚するナショナリズムや民族主義といった集団の力が作用していた。ギリシア悲劇を体験することで主体となり、ギリシア悲劇を通して共同体を形成したアテネ市民を反復するように、バイロイトに集った人々もワーグナーの楽劇によって主体となり、ワーグナーの楽劇を通して共同体を形成したのであった。

神話や神話的共同体は必ずこうしたプロセスを通して形成される。では、その際の「主体」

や「共同体」とは何を意味するのか。

オペラ

ワーグナーが観客や客席をどのようにオーガナイズし、そこでどんな「身体／共同体」をつくろうとしたかという本題に近づいてきたが、その前にもう少しだけ、ワーグナーの楽劇をオペラの歴史という観点から振り返っておきたい。

ルネサンス末期のフィレンツェで誕生したオペラもまた、古代ギリシア悲劇という理想をそのまま反復しようとしていた。オペラはその起源からして、ユートピアを目指すもののようである。ワーグナーも例外ではなく、ギリシア悲劇を自身の楽劇の理想とし、オリンポスの神々の物語に代えてゲルマンの「神話」をつくった。しかしユートピアとは「存在しない場所」のことを言うのだから、実際に形にされるときには、それは「ヘテロトピア」にならざるをえない。「ヘテロトピア」とは、実在するけれども絶対的に異なる場所や、混ざりようのないものが混在する場所のことで、「他者の場所」や「異在郷／混在郷」などと訳される。すでにもうここには存在しない理想をユートピアに見立て、その復活を目指すというのは、異なる場所や時間を招き入れるという意味で、今ここのありようを鏡のように映し出すヘテロトピア特有のパターンである。

そこに招聘されるのは、舞台上で上演されていたギリシア悲劇だけではない。それを客席で体験していた「市民」（＝観客）もまた呼び出される。呼び出されるどころか、彼らの経験は現代の観客によって反復されるべきものとなる。これがオペラの特徴である。時代錯誤で誇大妄想的なオペラを支えているのは、再現される世界をともに反復し、当時あった共同体を想像する観客の振る舞いにほかならない。観客は、かつて古代ギリシア悲劇を体験した「市民」に思いを馳せ、夢想し、自分もその世界の「住人」となる（現代を題材にしたオペラの演出助手として二か月ほど仕事をしたことがあるが、そこでの「無理矢理感」はよく覚えている。音楽は完全な現代音楽だったが、自分が生きている時代との距離のなさがオペラという形式の嘘くささを際立たせ、バカバカしくなってくるのだ。世界は重層化されず、劇場はヘテロトピアにならず、私は今ここでしかない「小屋」の「住人」でいるほかなかった）。

遠い過去の神話や伝承といった物語のほうがオペラには向いている。向いているというのは不正確で、過去にあったユートピアを反復する身振りがオペラの起源だから、それはオペラの根本に関わる態度ですらある。起源は失われてなければならないし、反復する演技によって夢見られなければならない。その夢が現代や未来に強引に接木されてしまうのが、オペラという芸術が持つ神話的機能なのだろう。ユートピア的な神話物語と、時を超える音楽との融合であるオペラは、文字どおり「神話」なのである。

一六世紀後半から一九世紀後半まで、神が死に、絶対君主が君臨するようになり、やがて国民国家が主体となる、その流れを支えてきた「神話」がオペラだった。一六世紀後半から一九世紀後半という時代は、オペラが誕生してから完成するまでの時期と合致している。これは偶然ではない。宗教が中心の世界から、近代科学の誕生とブルジョア社会の勃興への大変革が背景にある。神が死に、世界の中心が人間に移った後、宗教的覚醒がそのままでは得がたい時代に生きるようになった人々が、その覚醒を、擬似的・世俗的に、しかし時代を超えて反復することを可能にする装置がオペラだった。宗教的覚醒とは、かつては神との出合いを意味していたが、神なき時代においては、絶対君主や国民といった共同体の「主体」の確立、その「身体」の獲得へと意味を変容させていった。こうして人々は、かつてのユートピアを神話的に演じなおす手続きを必要とするようになる。そのための場がオペラだったのである。

しかし、そうした場を成立させるためには、音楽が不可欠である。しかも、その音楽は革新されたものでなければならない。現代に縛られた表現になってしまっては、時代を超越できないからである。過去にあったユートピアを目指すことの利点がここにもあって、そもそも失われているのだから新しく発明しなければならない。失われたものを理想とする以上、同時代の表現は相対化され、そこに揺さぶりをかけ、新たな表現形式を発明することが求められる。ワーグナーはまさにその代表格だ。彼は、ギリシア悲劇に帰るためにこそ、同時代の表現を革新しなければならなかった。同時代の表現形式のなかにギリシア悲劇を押し込め、自ら掲げた理想を現代風に料理してしまうのではなく、かつてあった理想に忠実であろうとする姿勢が、音楽における大胆な革新と、上演形態の革命とをもたらしたのである。

ワーグナーがつくろうとした「ユートピア」において、当時の人々は「ユートピア」にいる自分を演じることができた。その「ユートピア」が、バイロイトというヘテロトピアである。

バイロイト

バイロイトは、ニュルンベルクから鈍行列車に乗って一時間ほどの山あいにある。感じのいいところではあるが、もしバイロイト祝祭がなかったらわざわざ足を運ぶ人がいるのか、と思うほどの小さな田舎町だ。今はニュルンベルクから一時間に一、二本ほど電車が出ている。ワーグナーがこの辺鄙な場所に祝祭劇場を建てたのは偶然によるところが大きい。『ニーベルンゲンの指環』四部作をすべて上演する専用の劇場を探していたワーグナーは、百科事典のなかにバイロイトの「辺境伯歌劇場」を見つけた。それで見にいってみようということになったという。実際に行ってみると、『指環』が上演できる規模の劇場ではなかったが、ワーグナーはバイロイトの街に祝祭劇場を建設しようと決意し、翌年には移り住んでいる。それからバイロイト祝祭が開催されるまでの四年間、ワーグナーはフェスティバルや上演の準備に奔走した。ワーグナーはバイロイトを「芸術のワシントンのようなもの」と呼んでいた。ワシントンといえばアメリカ合衆国の首都だが、新しい芸術の首都をつくるのだという意気込みが伝わってくる。と同時に、統一ドイツの中心であるベルリンへの対抗意識がワシントンにつながったのだろう。ワーグナーは『ニュルンベルクのマイスタージンガー』をつくった際、ビスマルクによる統一ドイツへのアンチテーゼとして、芸術の首都ニュルンベルクを中心とした市民共同体をイメージしていた。そのニュルンベルクを北にずらし、古都ではなく新たにつくられる芸術の首都としてイメージしなおされたのがバイロイトである。それは「ニュルンベルク」というユートピアを「移す／映す」鏡としてのヘテロトピアであった。

バイロイトに移住してからのワーグナーは、すでに「マイスター（巨匠）」と呼ばれていたが、街のなかで積極的にハンス・ザックスの役を演じていたようだ。ハンス・ザックスとは『ニュルンベルクのマイスタージンガー』の主人公で、靴職人でありながら歌のマイスターだった実在の人物である。この「市民的」英雄と自分とを重ねるように、ワーグナーはマイスターでありながら「市民」でもあろうと振る舞った。庶民や労働者と交流したり、市民のオーケストラやコーラス隊を指導したり、文学サークルに出入りした。ワーグナーにとって、バイロイトは「ニュルンベルク」を重ね合わせるプロジェクトであり、芸術による市民共同体を実現する舞台そのものであった。

他方で、ワーグナーには自分専用の劇場を必要とする実際的な理由があった。『ニーベルンゲンの指環』を一挙に上演するという計画である。しかも、それは単なる上演ではなく、祝祭として上演されなければならない。目指されたのは、いうまでもなく古代ギリシアの大ディオニュシア祭である。『ニーベルンゲンの指環』は二六年かけて完成された神話劇で、北欧の神話的英雄によって演じられる『ラインの黄金』『ワルキューレ』『ジークフリート』『神々の黄昏（たそがれ）』からなる四部作だ。この巨大な神話を、最高の環境で、自分の手により上演するために、「一つの理念と一つの作品のために初めて一つの劇場が建てられる」（ワーグナー）必要があった。それがバイロイト祝祭劇場だったのである。

すべて上演すると一五時間以上かかるので、通常は四晩かけて上演される。細切れのプログラムではそもそも対応できないことから、まとめて上演ができる祝祭という形式が求められた。しかしそうした実際的な理由以上に、『ニーベルンゲンの指環』の神話的世界とワーグナーの理想が、上演がそのまま祝祭になることを要請した面が強い。もっと言うと、上演された舞台を鑑賞するという次元を超えて、バイロイトまで足を運び、その街に滞在し、祝祭のなかに身を置くことが求められていた。その意味で、客席（テアトロン）はバイロイトの街にまで広がったと言える。訪問者の日常的な時間は中断され、街全体が神話を生きる場となる。バイロイトを訪れた観客は、下準備が十分に整ったところで祝祭劇場のある丘の上まで歩く。いよいよ劇場に入ると、そこは没入と集中を最高度に誘導する装置で、暗い客席で麻薬のような音楽に包まれ、音の振動に全身を高揚させながら、舞台という祭壇で展開される神話世界に同化していくのだ。

祝祭を通して得られる「身体」は、かつてワーグナーが夢見て、バイロイトに移住してからも模索した市民的共同体のそれではなく、舞台上の神話的英雄に近いものだったのではないだろうか。バイロイト祝祭で『ニーベルンゲンの指環』を観劇できるのは、少数の選ばれた人たちである。知的にも芸術的にもワーグナーの楽劇を楽しむ力があり、経済的にも社会的にもバイロイトに足を運んで何日も滞在できる層だけだった。象徴的なのは、ドイツ皇帝ヴィルヘルム一世が祝祭劇場にやってきたことである。ドイツ皇帝が一芸術家に平伏したのだ。ワーグナーにとって、それは芸術が神になったことを意味したに違いない。

この時点でワーグナーのバイロイトでの企ては、完成したと言ってよいだろう。こけら落としを見にきたニーチェが、ワーグナーはもはや生成ではなく完成を求めている、という理由で劇場を立ち去ったのはある意味で事の真相を捉えていた。他にも、ブラジル皇帝ペドロ二世をはじめとする多くの王侯貴族が来訪した。作曲家では、チャイコフスキー、ブルックナー、そして長年の恩人であり義理の父でもあるリストが名を連ねた。政治家や経済界の重鎮も顔を揃えた。大パトロンのルートヴィヒ二世もゲネプロ（通し稽古）を見にやってきた。こうして名前を挙げるだけでも、当時のドイツを政治的、経済的、文化的に牽引する面々が、バイロイト祝祭に集まっていたことがわかる。そこで形成されたのは市民的共同体などではなく、これ以上ないほどのセレブリティであり、具現化したドイツの権力だった。

ワーグナーの分裂

バイロイト祝祭は華々しい成功で幕を閉じ、ワーグナーは歓喜した。と同時に、鬱になるほど落ち込んだらしい。歓喜も、鬱も、どちらも本当だったのではないかと思う。外面上の成功に反し、芸術的な達成度の低さや、大きな赤字や、評判の悪さといったものが鬱になった理由として挙げられている。たしかにそれもあったろうが、バイロイトで市民的共同体を形成するという理想と、権力者たちを集めて自分の芸術の前に平伏させるという野心が完全に分裂し、現実的には権力を具現する祝祭へとますます舵を切る以外に道がなくなったことが、すでに神格化され、自身もそのように振る舞っていたワーグナーを引き裂いたのではないか。

ワーグナーは、市民的共同体をつくるための民衆演劇を本気で模索していた一方で、知的・芸術的エリートにしか理解できない芸術への志向や、権力の祝祭への憧れも強かった。すでに前章で見たように、古代ギリシアにおいては、大ディオニュシア祭とそこで上演されるギリシア悲劇は二つの異なる方向（市民的共同体のお祭りと権力者による国家的祝祭）を奇跡的に統合していた。だからこそ、ワーグナーは大ディオニュシア祭とギリシア悲劇を理想とし、その復興を企てたのだろう。しかし、バイロイト祝祭はそうはならなかった。いかにして市民的共同体から国家へと脱皮するかが時代の要請であり、ワーグナーの場合、本人の志向とは関係なく、統一ドイツ形成に向けてのうねりを同時代の芸術家として引き受けていたはずだ（だからこそワーグナーはワーグナーになった）。バイロイト祝祭がどんなものであれ、二つの異なる方向を統合する可能性ははじめから絶たれていた。その意味で、ワーグナーの分裂は時代によって運命づけられていたと言える。しかし他方で、ワーグナーという芸術家の特徴である統合力は、国家的権力の磁場を形成するのに最も力を発揮したのである。

ワーグナーの楽劇や祝祭を、後の世代はどのように受容したのだろうか。その神話的共同体の形成モデルを、舞台という祭壇で行われる象徴的儀式としてではなく、現実世界のなかで反復し、演じようとした人々がいる。ある意味、ワーグナーの掲げた理想が、極端かつ強度ある形で実現する「祝祭」が出現した。

ワーグナーの章の最後に、ナチスによるワーグナー受容を扱わねばならない。

第六回ナチス党大会

　ニュルンベルクにただただ広い原っぱのような公園がある。ルイトポルトハインと呼ばれる公園で、街中にあると思えないほど広く、道路の幅にしても、原っぱの大きさにしても、建築物の威容にしても巨人たちの広場のような趣で、人間のスケールを超えた印象である。かつて、この地でナチスの党大会が開催されていた。ヒトラーは、一九三三年にニュルンベルクを「帝国党大会の都市」とすることを宣言し、それ以降、全国から動員されたナチス党員がルイトポルトハインに集まり、そこにキャンプを張り、練習を繰り返し、ヒトラーを迎え、巨大な党大会を催していた。

　ニュルンベルクが選ばれた理由は、そこが神聖ローマ帝国（「第一帝国」）の中心地であり、帝国議会が開かれていた場所であるためと正当化されている。しかしそれは後付けで、ニュルンベルクの地理的条件や、この地域の党組織が優れていたという実際的理由に加えて、ワーグナーが感じていた芸術の首都としてのニュルンベルクにヒトラーが憧れていたことが大きいと思われる。ヒトラーはワーグナーの楽曲を愛し、とりわけ『ニュルンベルクのマイスタージンガー』は生涯で三〇〇回も視聴したと言われている。党大会の始まりには、ワーグナーの『リエンツィ』の序曲が必ず演奏された。故郷を後にしたヒトラーが『リエンツィ』を聴いたとき、

第六回ナチス党大会

主人公のローマの護民官がローマを甦らせたように、自分もまたドイツ帝国に偉大な統一と復活をもたらすという啓示を受けたからだという。

建築家のアルベルト・シュペーアが党主任建築家となり、党大会の会場設計に関わった第六回党大会(一九三四年)から、それは党大会を超える「祝祭劇」になった。シュペーアはヒトラーお気に入りの建築家で、二九歳の若さで党大会会場の設計を任せられた。第六回党大会は、後に「統一と力の大会」と名付けられたように、ナチスの党大会を代表するものである。シュペーアはペルガモン博物館に収められている「ペルガモンの大祭壇」を参考に、ルイトポルトハイン内のツェッペリン広場に二四万人収容できる巨大な党大会広場を設計した。そこにドイツ全土の対空サーチライト一三〇基を集め、暗くなった空に垂直に照射して光の大列柱を作り出した。バイロイト祝祭劇場の列柱はいうに及ばず、古代を模したあらゆる建築物をはるかに凌ぐ、「光の大聖堂」がニュルンベルクに出現したのだ。

レニ・リーフェンシュタールが監督した『意志の勝利』という映画に第六回党大会の様子が記録されているが、巨大な祭壇の前に全国から集められた党員が整列し、おそろしいほど統率のとれた演技やコロスを披露している。そしてヒトラーが「一つになれ」と演説をする。ヒトラーのパフォーマーとしての力はすさまじいものがあったようで、シュペーアもその力に惹き寄せられた一人だった。ヒトラーの演説とシュペーアが設計した舞台装置の力とが相まって、どれだけの統合力をもって党員たちを祝祭に没入させ、陶酔させたことだろう。建築家の磯崎新は、「光の大聖堂」を二〇世紀最高の建築物であると批判を込めて評しているが、第六回党大会を二〇世紀最高の演劇だと言ってしまうことも同じように可能なのである。こんなに巨大で、現実の人々や社会を巻き込み、美的なインパクトをもった演劇をイメージするのはなかなか難しい。この祝祭を通して、ナチスは「党」になり、ドイツ民族という「フォルク」が誕生し、第三帝国という「神話」がつくられていった。

ヒトラーやシュペーアや帝国民衆啓蒙宣伝大臣であり帝国文化局局長のヨーゼフ・ゲッベルスらは、人を没入させ、同化する方法をワーグナーの楽劇やバイロイト祝祭に見ていたように思う。党や民族や帝国といった共同体の「身体」は祝祭によってできあがるという構造を、彼らはよく心得ていた。そしてワーグナーを自分たちのために利用することも忘れなかった。ヒトラーとナチス幹部はたびたびバイロイトを訪れ、観劇するだけにとどまらずバイロイト祝祭を支援した。

ワーグナーの反ユダヤ主義が都合よく切り取られてナチスに利用されたのは、ワーグナーにとって不幸だったが（ワーグナーに民族主義的で反ユダヤ的な思想があったことは事実だが、ワーグナーの名誉のために注記しておくと、当時ドイツで擡頭していた人種差別運動に対してワーグナーは支持を拒否していたし、遺作となる『パルジファル』の初演を指揮したのはヘルマン・レヴィというユダヤ系の指揮者だった）、ナチスによるワーグナー演劇の受容は、表面的な模倣などではなく、ワーグナー演劇に内在していた可能性／危険性を暴力的なかたちで実現するものだったように思える。ナチスは、ギリシア悲劇を引き継ごうとしたワーグナーの身振りを本質的な意味において反復し、ゲルマン民族の共同体を国家的祝祭によって創出してしまった。彼らがワーグナーから受容したのは、観客をオーガナイズする術であり、テアトロン（客席）を現実世界へと拡張する方法だった。ナチスによるワーグナー受容と党大会への展開は、演劇的に見ると的を射たものであり、その達成度はすさまじいものがあった。皮肉なことに、ワーグナーが抱えていた分裂はナチスによって統合されたのである。

ナチスのワーグナーへの裏切りがあるとすれば、それはワーグナーの分裂を統合してしまったところにある。なぜなら、ワーグナーが踏みとどまっていた「政治の芸術化」を、ナチスは完璧に遂行してしまったのだから。古来より演劇が持っていた毒がとんでもない形で利用され、その魔力が現実世界で全面展開されてしまったのである。

危ないことを言っていると批判されそうだが、危険だからと蓋をして、思考を停止してしまうことのほうがよほど危うい。あるいは舞台の造形のみに関心を傾け、舞台上で正しくナチスを批判したところで大した効力はない。ナチスのような怪物の出現を二度と許さないためには、その力の在り処に向き合い、作動するシステムを冷静に分析する能力を鍛えねばならない。残念ながら、ナチスは当時の多くの演劇人よりもはるかに本質的なところで演劇の可能性／危険性を捉えていたと言える。彼らが見すえていたのは「テアトロン（客席）」であり、演劇の力の呪術的利用だった。すべてを統合するファシズム的な動きは現代にも繋がる問題であろう。そうした動きに対抗する術を探るためには、演劇の歴史から何を学び、演劇をどのように使うかを、ナチス以上に考えぬかねばならないのではないか。

ナチスが政権をとった一九三三年にドイツを脱出し、その後一五年にわたり亡命生活を続けた演劇人がいる。彼はワーグナー的／ナチス的な演劇に「芸術の政治化」という方法で対抗しつづけた。演劇の毒にもなれば薬にもなる可能性／危険性を熟知していた彼は、正しい人に向かって正しいことを言うよりも、毒をもって毒を制すように演劇を使うことを目指した。

現代演劇の創始者、ベルトルト・ブレヒトである。

第4章 ブレヒト

劇作家、詩人、演出家、演劇理論家であり、同時に演劇を革新する実践者であるブレヒト。個人的なことから話を始めると、彼は、私が最も影響を受けた演劇作家である。フライブルクで演劇を始めた頃、大学の裏にある古本屋で『ブレヒト演劇論集』が目に入った。きれいな本だったし、演劇の巨人であることくらいは知っていたので、その場で購入した。日本に戻ってくるときのバタバタで紛失しまったのが悔やまれるが、十数冊あるこの論集を、私は繰り返し読んだ。ドイツ語なので、どうしてもゆっくりと、いろいろなことを考えながら精読することになる。一九九三年当時はインターネットもなく、大学の授業にもまったく出なくなっていて、時間は嫌というほど余っていた。暇と孤独に圧殺されないよう、ほとんどすがるような気持ちで何度も読んだ。私には、戯曲より演劇論のほうが面白く感じられ、後に読むようになった詩からも多くのことを学んだ。ブレヒトの演劇論を読みながら、ブルックの『ザ・マン・フー』について考えなおしたり、自分の活動の指針を探ったりしていた。そして、私が二〇〇三年に創設した演劇ユニットPort Bの旗揚げ公演では、ブレヒトの第一詩集『家庭用説教集』を舞台化した。

この舞台作品は、『家庭用説教集』を使ってブレヒト教育劇の可能性を探ったものだった。三部構成で成り立っており、第一部はセレモニー、第二部はいくつかの詩の形象化、第三部は観客の「代表者」たちが第一・二部を受容した成果を自由にアウトプットするという構成だった。「代表者」たちは日替わりで、いずれも「メディア」の使い手だった。映像作家、音響家、ダンサー、詩人・小説家の四人が、第一・二部を受容/記録し、その成果をリアルタイム編集するかたちで、第三部で一気に上映、演奏、舞踊、執筆するのである。第二部でやめておけばいいのにと言われたし、実際にカオスしかもたらさなかったが、私にとっては第三部こそが教育劇の理念を可視化する実験であった。

舞台の評判は散々だったが、その記録ビデオを見て高く評価してくれたのが、演劇学者でありブレヒト研究者のハンス・ティース゠レーマンさんだった。ドイツ演劇研究者の平田栄一朗さんのお宅に招いてもらったのだが、小さなモニターで見てもらうことを躊躇していた私に（本当は演劇学の大御所に見せることが怖かった）、「心配しなくていい、私はプロだから（映像を補って見ることができる）」と笑って安心させてくれた。思い返せば、その後に始まったレーマンさんとの付き合いのなかで、自分のことを「プロ」と言っていたのはこのときが最初で最後である。レーマンさんは『家庭用説教集』の詩をすべて暗記しており（『家庭用説教集』

で博士論文を書かれていたことを後になって知った)、「今どの詩をやっている?」と時おり質問しながら、暁子猫をはじめとする演者たちのパフォーマンスを真剣に見てくれた。見終わった後、「この作品を理解できない批評家などは放っておいて、この路線をひたすら突き進んだらいい。あなたは何か巨大なものを摑んでいるように思う。ただし、認めてもらうまでに五年や一〇年かかるかもしれない。忍耐が大事だ。我慢して自分が信じることを続けるんだ」と励ましてくれた。その後、活動が世の中に認知されるまで五年以上かかったし、初日にもかかわらず観客が一五人しかいないときなどもあったから、レーマンさんのこの言葉に何度救われたか知れない。

そんなわけで個人的な思い入れの強いブレヒトであるが、誤解のないよう付け加えておくと、私は「ブレヒト主義者」というわけではない。ブレヒトに追随する「ブレヒト主義者」が現代演劇をつまらなくしているとさえ感じてきた。むしろ目指すべきは「ブレヒトなきブレヒト演劇」であると私は考えている。ブレヒトは未来の演劇に向けて、何よりもブレヒトから解放されなければならない。これから叙述するブレヒト論も、そうした試みの途上にある。

まずはブレヒトの人生と彼が生きた時代を振り返ることから始めよう。

亡命者ブレヒト

ブレヒトは一八九八年にアウグスブルクに生まれた。父親は製紙工場の支配人で裕福な家庭に育った。父親はカトリックだったが、プロテスタントであった母親の影響でルター派の洗礼を受けた。一六歳のときに『聖書』という戯曲を執筆している。ルターのドイツ語訳文への関心から聖書に興味を持ったというのだからいかにもブレヒトらしい。ブレヒトのルター体験は彼の演劇に大きな影響を及ぼしていると私は考えている（それについては追って述べよう）。

一九一七年（一九歳）ミュンヘン大学に入学し、哲学と医学を学ぶが、文学や演劇活動にのめり込んでいった。一九一八年（二〇歳）には無頼詩人を主人公にした『バール』という戯曲を書く。一般的にこの作品がブレヒトの処女戯曲とされている。同年、軍隊に召集されるが、一か月あまりで第一次世界大戦の終戦を迎える。翌年から劇評を書くようになる。必要以上に辛辣な批評には、すでに新しい演劇を渇望しはじめていた若いブレヒトの不満が噴出している。その頃からミュンヘンのキャバレー芸人カール・ヴァレンティンに魅せられ、手伝いをするようになる。ブレヒトの持つ野性的傾向はキャバレーの芸とよくマッチしたに違いない。

一九二二年（二四歳）には戯曲『夜打つ太鼓』が上演され、演劇界デビューを果たす。この戯曲は一九一九年に起きたベルリンのスパルタクス団の蜂起を題材にしていた。一九二三年

（二五歳）ベルリンに移住し、マックス・ラインハルトが率いるドイツ座でドラマトゥルク（文芸部員）をやりながら演劇のキャリアを積んでいった。一九二六年（二八歳）頃、『資本論』に出合う。翌二七年、第一詩集『家庭用説教集』を出版。ブレヒト自ら曲をつけて歌えるようにした、賛美歌本のような体裁の「説教集」であった。この頃、記録演劇の先駆者エルヴィーン・ピスカートアに出会い、その演劇手法から大きな影響を受ける。一九二八年（三〇歳）、ジョン・ゲイ『乞食オペラ』を改作した『三文オペラ』（音楽＝クルト・ヴァイル）が大成功を収めた。一九二九年（三一歳）頃から「教育劇」と呼ばれる一連の作品を発表しはじめ、新しい演劇実践の形を模索するようになる。作曲家ハンス・アイスラーとの共同作業がはじまる。ヴァルター・ベンヤミンと出会い、ベンヤミンの死（一九四〇年）まで続く交流が始まったのもこの頃である。

一九三三年一月（三四歳）に『処置』の上演が禁止され、大逆罪で告訴される。ヒトラーが首相に就任し、ヒトラー内閣が成立。二月二七日にヒトラーによって仕組まれたドイツ国会議事堂放火事件が起きる。翌三月には全権委任法が可決され、ヒトラーが独裁を確立する。ブレヒトは、国会議事堂放火事件の翌日の二月二八日に、ユダヤ系であった妻のヘレーネ・ヴァイゲルと長男を連れてプラハへと脱出、ヴィーン、チューリヒ、ルガノ、パリ、スヴェンボルと亡命生活が始まった。五月には全著作の刊行禁止と焚書の処置がとられた。ナチス独裁政権による弾圧の速度と、ブレヒトの亡命の機敏さには驚かされる。権力が表現の自由を潰しにくるときは、こうして一気にやるのだろう。ベンヤミンは亡命中に限りなく他殺に近いかたちで自殺している。

ブレヒトはデンマークのスヴェンボルに五年ほど滞在したが、デンマークも危険だと判断するとスウェーデンに、その後ナチスの侵攻に追われるようにフィンランド、シベリアを経由してアメリカ合衆国に渡った。亡命によってブレヒトの目の前に観客がいなくなってしまったことは不幸であった。「教育劇」の試みは中断され、その後再開されることはついになかった。

その代わりに、『第三帝国の恐怖と悲惨』『ガリレイの生涯』『まる頭ととんがり頭』『肝っ玉おっ母とその子供たち』『セチュアンの善人』『プンティラ旦那と下男マッティ』『コーカサスの白墨の輪』といった多くの傑作戯曲が執筆され、後世に残されることになった。

アメリカ合衆国はブレヒトにとって決して安泰の地だったわけではない。一九四七年一〇月三〇日、ブレヒトは下院非米活動委員会の審問を受けた。共産主義者だったからである。このときの音源を聞いたことがあるが、ブレヒトはのらりくらりと質問をはぐらかし、委員会の人たちが笑ってしまうくらいのタヌキを演じていた。しかしその翌日にはさっさとアメリカを脱出している。

「何をいおうが、それを二度とはいうな
きみの考えを他人がしゃべったら、きみの考えとは違うといえ。

署名しなかったやつ、写真をとられなかったやつ
現場にいなかったやつ、口をきかなかったやつ
が、どうしてつかまえられようか。
あとをくらませ！

きみが死のうと思うなら、こころして
墓標を残すな、残せばきみの居場所は明かされる
はっきりした文字がきみの名前を届けでる
そして没年の数字がきみの有罪を証拠だてる。
くどいが
あとをくらませ！」
（ベルトルト・ブレヒト「都市住民のための読本」野村修訳、『ベルトルト・ブレヒトの仕事3　ブレヒトの詩』河出書房新社）

ブレヒトは、一九二〇年代後半にこの詩を書いている。こういう人物だから、ベンヤミンのように殺されずに生き延びることができたのだろう。ブレヒトが生きたのは、「あとをくらませ！」という態度が『都市住民のための読本』で教えられる時代だった。

ブレヒトが東ベルリンに帰ってきたのは、一九四八年（五〇歳）である。ドイツを離れてから一五年が経っていた。一九四九年（五〇歳）にベルリナー・アンサンブルを結成。東ドイツを代表する演劇作家として世界中に名を轟かせた。一九五四年（五六歳）に今もベルリナー・アンサンブルの本拠地が置かれているシッフバウアーダム劇場へ移転、「ブレヒトの劇場」というイメージができあがるが、それは一九五六年に五八歳で亡くなる二年前のことにすぎない。

シッフバウアーダム劇場は一九世紀末に建てられたネオバロック様式の劇場で、ベルリナー・アンサンブルの名声と相まって今では観光名所になっているほど立派なものである。しかしワーグナーのバイロイト祝祭劇場とは違い、この劇場にブレヒトの理念は反映されていない。ブレヒトは基本的に亡命の作家であり、いつでも「あとをくらませ」ることができる生活を送っていた。自分の劇場を持つなんて夢物語だったに違いなく、劇場構造を変革する方向に発想はいかなかった。だからシッフバウアーダム劇場にあるのはブレヒトの銅像だけで、そこにブレヒトの魂はないように思う。劇場を持たないからこそ、徹底して演劇のあり方を変革することができた。そして演劇の可能性は、未来に向けて大きく拡張されることになった。

タバコの吸える客席

「観客や客席をどうオーガナイズするか」という問いに対して、ブレヒトは何を考え、どんな実践を行ったのだろうか。

ブレヒトが理想としたのは、タバコの吸える客席だった。彼自身かなりのヘビースモーカーだったらしいが、それが理由ではない。この場合、実際にタバコを吸えるかどうかはどうでもよくて、大事なのはタバコが吸えるくらいリラックスした、散漫な状態の客席がいいということだ。バイロイト祝祭劇場の客席を思い出してみよう。ワーグナーは観客に集中を求め、没入と同化の装置として劇場をつくり変えた。真っ暗な客席にじっと座り、圧倒的な音楽の響きに包まれながら、全身を緊張させて舞台に集中し、舞台上に展開されている神話に没入する。ものすごい一体感と高揚感が得られるに違いない。ブレヒトが観客に求めたのはその逆だ。観客はリラックスしていてよい。いや、リラックスしていてほしいとブレヒトは考えた。舞台で起きていることに没入するのでなく、むしろ距離を置いて、劇の成り行きを吟味し、批評し、時にツッコミを入れながら、自分だったらどうするか、態度を決めてほしい。そのために観客はリラックスしていなければならない。でなければ、冷静な判断ができないからだ。高揚感や陶酔は不要どころか、それこそブレヒトが劇場から排除しようとしたものだった。

ブレヒトはヒトラーが全権を掌握する直前にドイツを脱出した。その翌年には前述の第六回ナチス党大会が開催されている。「統一と力」の「祝祭」に参加した人々の体験はどんなものだったろうか。整然と並び、一糸乱れぬパフォーマンスを求められる緊張感と高揚感のなかで、「光の大聖堂」が出現し、ヒトラーの声が響く。そこに動員された大多数は「祝祭」に没入していっただろう。そのとき、祝祭劇は劇であることをやめ、本当の祝祭になった。擬似的な宗教的覚醒を引き起こす祝祭劇が、リアルな宗教的儀式に変容する。こうして人々は、ナチスやドイツ民族や第三帝国に同化していった。と同時に、ナチスやドイツ民族や第三帝国は、こうした同化によって初めて「身体」を獲得したのである。

ブレヒトが抵抗したのは、まさにこの点である。リラックスした散漫な状態を逆手にとり、宗教的な魔法にかからないようにすること。つまり、宗教的覚醒を起源とする演劇体験を世俗的覚醒へと切り替えるために、劇場を「同化と没入のための装置」から「異化と批評のための装置」に変えようと企てた。私がブレヒトを現代演劇の創始者であるとする理由は、彼が、新しい「観客と客席をオーガナイズする方法」を考え、その方向を転回させ、テアトロン（客席）の概念を拡張することで時代に応答しようと模索しつづけたからである。ブレヒトは、さまざまな演劇的発明をしているが、すべての発明が観客／客席をいかに再組織するかという問題意識に貫かれている。

非アリストテレス的演劇

ギリシア悲劇について、ブレヒトはどう考えていたのだろうか。彼はそこにも本質的な疑問を投げかけ、まったく別の方向性を提示する。ブレヒトの考案した演劇は叙事的演劇と呼ばれるが、それは非アリストテレス的演劇とも言われた。叙事的演劇についてのベンヤミンの定義を見てみよう。

ブレヒトはかれの演劇を叙事的とよんで、狭い意味での劇的演劇に対置する。劇的演劇の理論を定式化したのはアリストテレスだから、ブレヒトは叙事的演劇のドラマトゥルギーに、非アリストテレス的という名をあたえている。このことは、リーマンによる非ユークリッド幾何学の創始を思いださせるが、このアナロジーは無意味ではない。ここから、ブレヒトにとっての問題は、劇のあいまいな諸形式のあいだの競争関係などとは、およそ別のところにあることが、はっきりするだろう。リーマンは平行線の公理を取り去った。ブレヒト劇が取り去ったものは、アリストテレスのいわゆるカタルシス——すなわち、ヒーローの感動的な運命に感情移入することをつうじて、情緒を排出し、解消すること——である。

（ヴァルター・ベンヤミン「叙事的演劇とはなにか」野村修訳、『ヴァルター・ベンヤミン著作集9　ブ

レヒト』晶文社）

ベンヤミンの深い理解と見事なまとめに感嘆するが、ここは西洋演劇全体にとって肝心要のところなので、もう少し詳しく見てみることにしよう。

古代から近代までを貫く西洋演劇の特徴として、劇の時間を「線」と捉えて、観客をそのなかに巻き込んでいくという性格がある。一般的には「筋（すじ）」と呼ばれるものに近いが、純粋に時間の流れをイメージするためにここでは「線」と呼んでおこう。観客は「線」の未来を見せてもらえないため、登場人物の言動によって紡がれていく「線」の行方に身を任せていくより他ない。劇作家の腕の良し悪しは、いかにして「線」の全貌を隠しながら、観客に最後まで好奇心をもって付いてきてもらえるかにかかっている。そのためにヒーローを登場させ、観客の感情移入を促し、観客の時間を劇の「線」に統御していく。より正確に言えば、観客の時間を奪っていく。そして最も大事なのが劇の最後、クライマックスで観客に「カタルシス（浄化）」をもたらし、「線」を上手に閉じること。ちなみに「カタルシス（浄化）」とは最も有名かつ謎めいた演劇用語で、アリストテレスが『詩学』のなかで語った悲劇の本質に関わる概念である。

悲劇とは、真面目な行為の、それも一定の大きさを持ちながら完結した行為の模倣であり、作品の部分ごとに別々の種類の快く響く言葉を用いて、叙述して伝えるのではなく演じる仕方により、［ストーリーが観劇者に生じさせる］憐れみと怖れを通じ、そうした諸感情からのカタルシス（浄化）をなし遂げるものである。

（アリストテレス『詩学』三浦洋訳、光文社古典新訳文庫）

悲劇の本質的特徴として述べられる「カタルシス（浄化）」は、倫理的、医学的、知的な面からいろいろに解釈できて複雑すぎるのだが、ヒーローによる「一定の大きさを持ちながら完結した行為」が一つの「線」として観客に体験され、そのことで生じた憐れみと怖れの感情が、劇の最後に排出され、浄められることで消えてなくなることをいう。

ブレヒトが批判したかったのは、時間を「線」として体験する観劇のプロセスであり、また、感情の浄化によって劇場内で「線」が完結してしまうことだった。劇を「線」として捉えているかぎり、劇の作り手は「線」がどう終わるかという地点から逆向きに作劇するようになる。ラストにクライマックスが来るジェットコースターを設計するようなものだろう。観客はというと、今起きていることを吟味するよりも、その先に何が起きるかという「線」の行方により注意を向ける。先がわからない状況が観客をワクワクドキドキさせ、興味や集中を持続させるのである。劇のはじめから終わりまで、次の展開が気になって観客が身を乗り出してしまう状況をつくり出すのは、実はいまだに作劇術の理想とされている。テレビドラマやハリウッド映画の多くは、そうした快楽の原則に従って制作されている。劇が終わると「そういうことだったのかー」と息を吐き、緊張から解放されてぐったりと背もたれに身を預ける。「カタルシス（浄化）」である。

これでは観客は劇作家の手のなかで弄ばれるだけで、劇作家の注文どおり劇に感情移入して快楽を得る以外に楽しむ術がない。主体的に受容し、自分のこととして考察するチャンスは最初から奪われてしまっている。民衆が国家権力に隷属している時代だからこそ、観客を奴隷化する劇的演劇を否定し、新しいドラマトゥルギー（作劇術）を創造する必要がある。その劇的演劇を理論化したのはアリストテレスだったから、ブレヒトは自分の目指す演劇を「非アリストテレス的」と呼んで、西洋演劇のドラマトゥルギー（作劇術）を根底からひっくり返そうとした。

ブレヒトは劇的演劇を批判し、非アリストテレス的で、叙事的な演劇を発明しようと考えた。では、どのような方法を用いてその理念を実現したのだろうか。ここでも、観客／客席をどのようにオーガナイズするかという問題意識によって、彼の演劇的発明を具体的に見ていこう。

新しいドラマトゥルギー（作劇術）のために

観客が劇の時間に統合され、劇の進行に隷属してしまうのは、行く先がわからないからである。これからどうなるんだろうという興味に引っ張られてしまうのだ。そう考えたブレヒトは、観客は舞台で何が起きるかをあらかじめ知っていたほうがいいと主張した。そのための工夫として、みんなによく知られている歴史や歴史的人物を題材にする道を選んだ。古典戯曲の改作という方法も有効だった。その姿勢は徹底していて、戯曲の題材に留まらず、劇の展開のさせ方にも貫かれた。シーンが始まる前にこれからどうなるのかを報告者が伝えたり、幕間に字幕やプラカードを掲示したりして、先の展開を知らせるのである。すると観客の関心は、この先どうなるのかという興味ではなく、なぜそうなるかを観察し、プロセスを吟味することに移るだろう。観客は、知っていると思い込んでいたがゆえに知ることのできなかった事柄に出合う。そのためにも、最初に「知っている」ことが大事になる。観客に期待されているのは、「実は知らなかった」ことを知る作業である。乗ったまま身を任せていればよかったジェットコースターの快楽と違い、自分で歩きながら（再）発見していくことになる。

ブレヒトが心を砕いたもう一つは、時間の設計方法だった。観客が距離をもって舞台の進行を吟味できるようになるためにはどうすればいいか。しかも、その作業は楽しく、面白いものでなければならない。考察や吟味のためには、時間はゆっくりしていたほうがよい。しかし、単にゆっくりというだけでは退屈してしまう。ラストに向けて緊密に時間を統合していく劇的演劇のドラマトゥルギー（作劇術）とは異なる、個々の場面が独立していながら単なる断片の集積にならない方法を、ブレヒトは模索していた。ただバラバラなだけでは、劇的演劇の緊張感にはとてもかなわないからである。そのために、誰もが知っている歴史や古典戯曲を素材に選んだという面もあったのだろう。ストーリーが馴染みのものであれば、観客は身近に感じてリラックスできるし、つくる側からすれば、観客が体験する時間をどうデザインするかに集中できる。

ブレヒトは、叙事的演劇を考案するにあたり、ベルリンで知り合ったピスカートアの叙事的な演出術から大きな影響を受けたと言われる。と同時に、ブレヒトはラジオや映画といった新しいメディアからも多くを学んでいた。テクノロジーの革新に敏感だったブレヒトのモットーは、「よき古きものにではなく、悪しき新しきものに結びつくこと」（ヴァルター・ベンヤミン「ブレヒトとの対話」川村二郎訳、『ヴァルター・ベンヤミン著作集9』晶文社）というもので、ラジオや映画といった新しいメディアが発明した断片的な時間をモンタージュする方法に、演劇のドラマトゥルギー（作劇術）を更新する可能性を感じていたに違いない。

シンボルからアレゴリーへ

ブレヒトの叙事的演劇は、劇を「線」として展開するのではなく、ある状況を「面」のように提示し、それらをモンタージュする方法を発明したのだと言える。観客は、舞台に感情移入するのではなく、画の「面」を読むように状況を発見していく。ここに新しいメディアとして登場した映画の影響があるのは明らかだ。ワーグナーの楽劇やナチスの党大会が、シンボル（象徴）という頂点にあらゆる要素を統合する三角形だとすれば、ブレヒトの叙事的演劇は、アレゴリカル（寓話的）な画の「面」を並列させていく絵巻のようだ。ブレヒトが中国の京劇や日本の歌舞伎といった、奥行きのない舞台の表現に興味を持っていたのも偶然ではないだろう。それらは象徴を作り出して引き込むのではなく、状況を「面」として展示する絵巻のような「読み物」に近いからだ。

アレゴリー（寓話）との関連でさらに符合するのはタロットカードである。タロットカードは、ブレヒトの叙事的演劇を理解するうえで非常に有効だと思う。タロットカードの一枚一枚には図像が描かれており、それぞれ意味が決まっている。例えば「皇帝」のカードは〈権力〉や〈支配〉を意味し、それが置かれる位置や向きによって、〈頑固さ〉になったり〈慈悲〉になったりと意味を変えていく。占い師と占われるほうとが一緒にカードを並べていくという点で、占われるほうもカードの配列に関与する。そして、すでに意味が決まっているカード同士が干渉し合いながら、その場限りの配置図をつくっていく。占われるほうの現在の状況や何を占ってほしいかは事前に説明されており、その要素が配置図の文脈を大きく規定する。占い師は、相手の状況をカードに重ね合わせ、配置図に現在と未来を読もうとする。試されるのは占い師の「読む」力である。一〇人占い師がいれば一〇通りの「読み」が生まれるだろう。その「読み」が相手の状況とうまく絡み、現在と未来を言い当てれば良い占い、外せばダメな占いと言われる。実際は当たるか外れるかよりも、占い師の「読み」によって、占われるほうが自分の状況に別の可能性を発見できるかどうかが重要なのである。

叙事的演劇の観客に求められる態度は、タロットカードの占い師のようなものだ。舞台上に配置されるカードを、全体の文脈に絡めながら読んでいく。カードの意味は決まっていて、問題はそれをどう「読む」ことができるかである。シンボル（象徴）のように一つの頂点に統合する三角形の場合、閉じれば閉じるほど強度を増していくが、アリゴリーはそうした強度を捨てる代わりに、すべての人に開放された「読み物」になろうとする。「読み」の可能性がもたらす豊かさや複雑さに賭けるのである。異なるカードの配置図は、場面ごとに絵巻のように展開され、いかに読めるかは観客の能力にかかっている。逆に言えば、観客はよい読み手になることを求められているのである。

舞台は舞台で、観客の「読み」の可能性を最大限に引き出すべく工夫される。場面をタロットカードのコンステレーション（配置）として見てもらうために、劇の流れは「中断」されるのがよい。「中断」によってカードが活人画のように浮かび上がり、観客は演じられている状況を(再)発見する。これが一般的に、ブレヒトの「異化効果」と言われるものだ。叙事的演劇の演技者は、役を生きるのではなく、むしろ役の時間を「中断」し、カードのように展示しなければばならない。それは観客の「読み」の可能性を広げるばかりでなく、演技者の演技を読み取り可能な(=引用可能な)「身振り」にする。ある演技をメタ化し、動名詞にする方法として「中断」はよく機能した。カードの意味が「文字」化されるように、演技が「身振り」として動名詞化されるのである。

ブレヒトは「文字」を舞台に展示することを目標にしていたと言われる。その発言は、舞台上に字幕やプラカードを掲示すること、とブレヒトがよく使った手法に結び付けられることが多い。しかし、それは皮相な見方であろう。劇の「中断」によって現れる「読み物」としての状況や、演技の「中断」がもたらす読み取り可能な(=引用可能な)「身振り」を指して、ブレヒトは「文字」と言いたかったのではないだろうか。その目的は、観客が「読む」主体になるような舞台をいかに作ることができるかにあった。

引用可能な身振り

ブレヒトの演劇において、なぜ演技は読み取り可能で、引用可能な「身振り」にならなければいけないのか。「身振り」という言葉は少し特殊で、「ジェスチャー」とは完全には一致しない。ブレヒトは、わざわざ「ゲストゥス」と呼ぶことでその差異を強調している。ジェスチャーは普通の身振り手振りであり、その場のコミュニケーションをわかりやすく、円滑にするための手段だといえよう。他方、「ゲストゥス」は「演技」を意味するラテン語である。「身振りを引用可能にする」試みとして書かれた『コイナさん談義』にこんな話がある。コイナさんはブレヒトの分身のような人物だが、考える人であるコイナさんは嘆いていた。

「こんにちでは」と、コイナさん、なげいて、いった。「自分ひとりだけで大きな本をあらわすことができるといって、公然といばる人がたくさんいます。そしてそのことが一般によしと認められています。中国の哲学者・荘子は男ざかりの年齢で十万語からなる一冊の本をあらわしましたが、その十中八九は引用文からできていました。このような本は、わたしたちの時代には、もう書かれっこないでしょう。批判精神が欠けていますからね。〔…〕こんなふうですと、うけつがれる思想もありませんし、また、はっきりと言葉によって引用される思想の定式化もなくなってしまいます。〔…〕」

（ベルトルト・ブレヒト「コイナさん談義」長谷川四郎訳、『ベルトルト・ブレヒトの仕事5 ブレヒトの小説』河出書房新社）

このシンプルな言葉とスタイルのなかに、「引用可能な身振り」の特徴がよく出ている。まず、ここでコイナさんは過去の偉人を引用しながら叙事的に語っている。「過去」と「他者」が、今に生きられるのではない形で引いてこられる。コイナさんは荘子になるわけでなく、通常の舞台のように荘子がそこにいるというイリュージョン（幻想）をつくりだすわけでもない。そして、ほとんど引用文だけでできている本が賞賛され、思想を受け継いでいくためには「はっきりと言葉によって引用される思想の定式化」が必要だと説かれる。ここに叙事的演劇における演技のエッセンスがある。演技者には「思想の定式化」が求められているわけだ。「言葉によって」といっても、言葉であれこれ説明するということではなく、演技による意味の「文字」化と解すべきだろう。あるいはこれを、演技による動名詞化と言い換えてもいい。ともかくこの定式化によって、思想は演技者によって批評的に受け継がれ（思想への賛同を意味するわけではない）、それが読み取り可能なものとして舞台上に引用されることで、今度は観客によって読み取られ、社会のなかで引用されうる「身振り」へと転生する。これが「引用可能なゲストゥス＝演技＝身振り」のダイナミズムである。また、演技者から観客に受け継がれることと同様に重要なのは、その「身振り」が、観客が劇場を出た後も自分が生きる状況を批評的に見る道具として利用できるかどうかだろう。

再びタロットカードに喩えるならば、占いの場で読み取られた意味は、カードの「ゲストゥス＝演技＝身振り」とともに記憶され、社会に戻った後も引用可能なカードとして、つまり、自分が生きる状況を違ったふうに見る鏡として機能するようになる。それは、日常生活に批評的な距離を生み出してくれるだろう。優れた占いがありうるかもしれない複数の視点を提供してくれるように、対象や状況への批評的な「距離」は、現実を複眼で見ることを可能にしてくれるのである。

タロットカードと「引用可能な身振り」の親縁性はもう一つある。どちらも意味を表現するものでありながら、意味の説明や解説ではなく、それ自体が意味を超える表現になっているということだ。ともすると意味に回収されがちだが、ブレヒトは何よりも表現としてのパフォーマンスを重視した人であった。表現が先に来るからパフォーマティブになる。この点を忘れると、ブレヒトの核にある謎や野性を見失うことになる。

ブレヒト教育劇

ブレヒトは、「教育劇」の試みを通して「引用可能な身振り」を社会に拡張しようとした。「教育劇」については第一部で述べたが、視点を変えてあらためて説明しよう。一九二九年頃から始まったこの試みは、ブレヒトの亡命の途上で中断されたまま終わった。その理念は「教育劇とよばれる作品は、演ずる者にとって学ぶところのある芝居を云うのだ。したがって観客は必要としない」（岩淵達治「ブレヒトの教育劇について」）と定式化されている。ここまで観客論／客席論を軸に論を進めてきたわけだが、ついに観客は否定されるに至ったのである。

正確に言うと、ブレヒトは観客を否定して参加者になれと主張しているわけではない。観客は観客でいい、ただそのあり方が問題なのだと考えていた。教育劇では、演じる側と観る側は交換され、役は入れ替わり、劇場ではなく学校や工場でワークショップのように劇がつくられていく。その場を共有する人すべてが関与者であり、劇のつくり手になる。と同時に、見る立場に立ったときもそれは「観客」を演じているのであって、ただ受け身の鑑賞者や消費者になるわけではない。その「観客」は、状況の観察者であり、自ら態度を決める主体である。

学校や工場の人たちでつくられる演劇のベースになるのが、教育劇と呼ばれる戯曲群だった。それらは短く、構造はシンプルで、プロの俳優でなくても演じることができる。ワークショップ用の素材という印象だが、いわゆる一般的な上演を意図して書かれていないだけで、実際には複雑かつ豊かな内容をもった戯曲である。教育劇の戯曲では、常に個人と集団（村、党、国……といった共同体）の関係が問われているが、そのモデルの古さを批判しても意味はない。普遍性よりもその時代に応答するように書かれているため、時代的な制約を受けてはいるが、演劇のアクチュアリティを追求したブレヒトの姿勢からすれば当然のことであったろう。学校や工場という現実の共同体を構成する人たちが、架空の共同体モデルを演じることで、虚と実の二つの共同体が重ねあわされ、世界が二重化することで互いを映しあう。虚の演劇を媒介とすることで、実の世界がもう一つの「演劇」として異化されて見えてくる仕組みである。

演劇は古くから、舞台上にもう一つの現実をイリュージョン（幻想）として現出させることに努めてきた。ブレヒトは逆で、舞台上の演劇を「演劇」として見せることに、また、客席は舞台を観察する場であると意識させることに工夫を重ねてきた。そしてついに劇場を出て、学校や工場という既存の共同体へと演劇を携えていったのが教育劇だった。観客の日常生活に一つの演劇モデルをインストールし、教育劇という戯曲群のなかに描かれた共同体を演じあい、みんなで吟味しあうことを通して、自分が属する既存の共同体をもう一つの「演劇」として浮かび上がらせる。つまり、ある共同体が別の共同体モデルを演じるという方法で、世界を演劇化／二重化しようとしたのである。これは「この世のすべてはお芝居」といったナイーブなあり方とは正反対の態度である。

ブレヒトは、究極的には、一人一人の日常生活にまで演劇を拡張し、連鎖させることを目指していたように思う。この場合、より重要なのは観客であり、客席であった。当たり前と思われている状況に中断を入れる方法を学び、引用可能な「演技」を自他の行動に関係させることで、外側から観察する視点を確保すること。観客は、劇場を出た後の日常においても、「演劇」を（再）発見していかなければならない。各人が日常生活での自他の行動を「演技」として観察し、「演劇」として批評していたならば、例えばナチスという「演劇」はあそこまで興隆しなかったはずである。

ギリシア悲劇において「市民」が、バイロイト祝祭において「セレブ／権力者」が、ナチス党大会において「ナチス党員／ゲルマン民族」が形成されたわけだが、ブレヒト教育劇のテアトロン（客席）においては何がつくられようとしていたのだろうか。そこでは、学校で学んだり工場で働いたりする大衆を「プロの観客」にすることが目指されていた。「劇場」での学びは劇場の外においてこそ引用され、応用されなければ意味がない。ブレヒトが引用可能性にこだわった理由もそこにあった。引用されるべきは演技や身振りだけでなく、自分が生きる現実のなかに「演劇」を（再）発見する方法そのものであった。その意味で、「劇を見る場」＝「テアトロン（客席）」を実際の社会に拡張していくことが意図されていたと言えよう。アリストテレスが定式化したギリシア悲劇のドラマトゥルギー（作劇術）を否定したブレヒトだったが、観客を「プロの観客」に変容させ、舞台の背後にある「街」に接続する点において、また、演劇の本質を「テアトロン（客席）」に見る姿勢において、古代ギリシア演劇を引き継いでいる面も大いにあったのである。

脱神秘化・脱魔術化

演劇の起源は宗教的儀式であり、その痕跡を最も残した要素がオーケストラピットであることはワーグナーの章で触れた。ワーグナーは、その力を極限まで強めるためにオーケストラピットにこだわった。バイロイト祝祭劇場でどのような発明をしたかは、すでに紹介したとおりである。ブレヒトは、ここでもワーグナーと正反対の態度をとる。つまり、演劇体験がもともと持っていた（擬似的な）宗教的覚醒を、世俗的覚醒へとアップデートすることがブレヒトの芸術的課題だった。アウラ的な芸術を非アウラ的な芸術に変えることが課題になったのは、当然ながらナチスのやり方に対抗するためである。演劇を脱神秘化するために、オーケストラピットの深淵を埋める必要があった。

神が死んでからもその代替物を舞台上に模索しつづけてきた演劇は、ブレヒト（の時代）において大きな転回を迎える。ベンヤミンの言葉を借りれば、アウラ的な礼拝価値から非アウラ的な展示価値へと芸術の価値基準が切り替わったのだ。その背景にはテクノロジーの変革があった。複製技術の出現である。しかし、そもそも演劇は複製できない。その意味では徹底してアウラ的な芸術である。ちなみに「アウラ」とは俗にいう「オーラ」のことで、個性、一回性、天才性、身体性、出来事性……といった言葉で語られるような、芸術作品が持つ礼拝的特性のことだ。演劇は出来事であるから複製できない。「今ここ」で生起し、表現する側と受容する側が一回きりの同じ時間を共有する。

　ベンヤミンが「複製技術時代の芸術作品」においてアウラを呼吸と結びつけたように、演劇においては、演技者と観客は同一の生の時間を呼吸する。集団で同じ場を呼吸するところに演劇の魅力があることは、否定できないだろう（魅力どころか、よくも悪くも演劇が共同体の「身体」をつくってしまう秘密は、この呼吸にあると私は考えている。一緒に呼吸することに距離を持ちながら、どうやって呼吸を逆手にとることができるか。つまり、一つに統合するための呼吸ではなく、多様な人たちが呼吸できる場をどのようにつくることができるか。そのとき、ともに呼吸することを苦痛に感じたり、最初から排除されたりしている人たちの存在も忘れてはならないだろう。むしろ、そうした人たちの呼吸が生息できる隙間こそ大切ではないだろうか。私は、呼吸についての演劇的・共同体的・批評的な問いが、時代遅れとなった演劇を現代に復活させる鍵になるのではないかと考えている。現在、新型コロナウイルスの影響で世界中の劇場が活動を休止しているが、共同で呼吸する状況が許されないという事態は象徴的である。演劇を根底から揺さぶる危機は、うまくすると千載一遇のチャンスになるかもしれないのだ）。

ブレヒトは複製芸術である映画に関わったこともあった（フリッツ・ラング監督『死刑執行人もまた死す』の脚本を書いている）が、結局演劇を離れることはなかった。見方を変えれば、叙事的演劇、中断、異化効果、引用可能な身振りといったブレヒトの発明の数々は、集団で呼吸する演劇という芸術の特徴を逆手にとり、その条件のなかで「複製」的な技術を開発し、非アウラ的な展示方法を探る試みだったと言える。

ベンヤミンは、ブレヒトを「やり直しの名人（Spezialist des Von-vorn-Anfangens）」と評した（晶文社の『ベンヤミン著作集9　ブレヒト』所収「プロレタリアートが禁句とされた国」では「アラタニ開始スルコトの専門家」と訳されているが、ドイツ語の語感からすると、林立騎による「やり直しの名人」という訳のほうが的確である）。ブレヒトが開発したのは、まさに「やり直し」の技法であり、複製技術を使わない「複製」の試みだった。アウラを否定するというより、演劇の宿命であるアウラとどう折り合いをつけるか。ブレヒトは、そのことに誰よりも自覚的であったと言える。その後の歴史を見ると、ベンヤミンの推測とは逆に、写真や映画にもアウラが、事によると演劇以上のアウラが生じることが明らかになった。ブレヒトが演劇で行った試みが、逆説的に、魔術となった複製芸術に新たな批判的視座を与えてくれるのではないだろうか。

旅から観光へ

「やり直しの名人」であるブレヒトは、演劇を「旅」から「観光」に変えたと言えるかもしれない。この点でもワーグナーと対象的である。

ワーグナーは登山が得意で、アルプスの山々を次々に登った時期があった。山があると制覇したくなると語ってもいた。そして彼の作品自体もまた、誰も到達したことのない高みや、前人未到の地に到達することが目指されていた。それは作品を体験する観客にとっても同様で、ワーグナーの楽劇を聴くと、高揚感によって未知の世界に連れていかれる快感がある。「今ここ」で一回限りの体験をしている、という神がかった体感を味わわせてくれるのだ。

ブレヒトの演劇にはそうした感覚はない。それどころか、間違っても前人未到や高みに到達する感覚が起きないよう周到に設計されている。行き先は決まっており、どんなところかもあらかじめ知らされている。これはもう旅ではなく、観光だろう。しかも大人数で行くツアーだ。ワーグナーの登山に比べるとだいぶ俗っぽい。しかし、このツアーは、みんながすでに知っているところをどうすれば実は知らなかったのだと新鮮に（再）体験できるか、目的とする観光地だけでなく辿り着くまでの行程をどのように楽しむことができるか、さらに、知っている町をどうすれば「観光地」のように（再）発見できるか、といった点についてはどんな高尚な旅よりも考え抜かれている。言うまでもないが、これは地域振興のためのアートツーリズムや地域アートを指しているわけではない。

ブレヒトは、「旅」をモデルにしてきた演劇を「観光」モデルに転換した。観光が持つ俗っぽさに可能性を見出し、宗教的覚醒から徹底的に身を引き離しつつ、世俗的覚醒への有効なツールとして捉えなおしたのである。そこでは「初めて」の体験にならないようさまざまな工夫が施され、「やり直し」による再発見に重点が置かれた。あるいはこう言ったほうがいいかもしれない。この観光ツアーは「やり直し」の方法それ自体を楽しく学ぶ場である、と。ブレヒトは、世界を魔術から解放し、この世界と新鮮に出合いなおすために、「旅」から「観光ツアー」へと可能性の在り処をシフトさせた。この態度は、現代的な知覚のあり方を批評的に先取りするものであったし、宗教が機能しなくなった時代の世俗的覚醒のあり方に対する、一つの回答であったと言えよう。

ブレヒト受容

ブレヒトは演劇の巨人として引き継がれたが、誰が正統かという後継者争いと、ブレヒトの演劇思想を経典化する態度が、ブレヒトは説教くさくて退屈だというイメージを広げてしまった。私自身、演劇の「お勉強」には最適だろうという気持ちからブレヒトを学びはじめたので、自分で本を読み、自分の頭で考えるようになるまでは同じようなイメージを抱いていた。そんなわけで、ブレヒト演劇の正統な後継者のことはよく知らない。私が興味を持ったのは、ブレヒトを勝手に受容した非正当的「後継者」たちである。

演劇の世界では、劇作家・演出家のハイナー・ミュラーがその筆頭だろう。東ドイツで不遇な日々を送っていたが、検閲をかわしながら優れた戯曲を書きつづけた、二〇世紀最高の劇作家の一人である。私も『ホラティ人』という戯曲を演出したことがあるが、言葉の力は凄まじいし、掘れば掘るほど豊かな宝が出てくる感じで、やっていてとても楽しかった。演出家としてはブレヒトの『アウトゥロ・ウイの興隆』が名高く、ベルリナー・アンサンブルを復活させるほどの大ヒットになった。素晴らしい舞台だったが、私にとってはやはり劇作家ミュラーのほうが圧倒的である。

ブレヒトの未完の戯曲『ファッツァー』の断片を集めて完成させたのもミュラーだった。見事な戯曲作品に仕上がっているが、『ファッツァー』が未完に終わったことの可能性は消えてしまっているようにも感じた。ブレヒトが五年の月日を費やして断続的に執筆し、ついに完成を断念したのは、筋に回収することが不可能だったことと、戯曲を理論に開いてしまったことが原因だ、とレーマンは分析している（ハンス＝ティース・レーマン「『ファッツァー』試論」林立騎訳、『LOOP　映像メディア学』第6巻所収、東京藝術大学大学院映像研究科、参照)。実際、「ファッツァー・ドキュメント(記録)」と「ファッツァー・コメンタール(注釈)」が混在する形式は非常に魅力的で、いまだに巨大な可能性の塊でありつづけている。ミュラーがしたように、上演場面だけを抽出してまとめてしまうのは惜しい気がしてならない。普通の上演スタイルには収まらず、上演の概念を揺さぶり、拡張する方向にこそ、『ファッツァー』の可能性はあったのではないか。上演台本と注釈と理論との複合体としての『ファッツァー』を引き受けるには、ミュラーはあまりに劇作家すぎた。

ブレヒトの「教育劇」を受容した人物に、アウグスト・ボアールがいる。ブラジルに生まれたボアールは、ヨーロッパのブレヒト受容とは違ったやり方でブレヒトを引き継ぎ、ラテンアメリカの民衆運動に接続した。現実を変革するために演劇を使う、という一貫した姿勢のもと、「アリストテレスの強制的悲劇システム」である鑑賞物としての演劇を批判し、民衆が武器にすることのできる数々のワークショップを考案していった。その成果は『被抑圧者の演劇』という書籍にまとめられており、日本語でも読むことができる。

ボアールに限らず、日本の劇団黒テントやフィリピンのPETA(フィリピン教育演劇協会)のように、民衆運動に結びつくかたちでブレヒト演劇が受容された面があり、ヨーロッパにおける正統的ブレヒト受容よりもよほど豊かな成果を出したのではないかと思う。

また、演劇以外の分野ではさらに重要な受容がなされた。映画監督のジャン＝リュック・ゴダール、そしてジャン＝マリー・ストローブとダニエル・ユイレは、その独自の受容方法により映画の文法に揺さぶりをかけた。また、本人は影響を否定するだろうが、観客論・受容論という点からそのコンセプトを見事に展開させた最大の人物は、観客による受容体験を音楽作品が成立する条件の中心に据えたジョン・ケージでないかと思う。ケージのように、本人が意図してない「ブレヒトなきブレヒト演劇」にこそ、最もユニークかつ重要な「ブレヒト」が息を潜めて生息しているのかもしれない。後ほど取り上げるヒップホップも、私から見ればその最高の例である。

分野を問わず広く受容され、さまざまな芸術分野に影響を与えたブレヒトだが、本人は演劇の未来をどのように考えていたのだろうか。ブレヒトの「遺言」を手掛かりに、演劇の未来形を構想してみたい。

未来の演劇

ブレヒトは、最後の公的な登壇となったドラマトゥルクたちとの対話において、「これから必要になるのは小さくて動くことのできるさまざまな形式、Theater-chen たちだ」（Hans-Thies

Lehmann, *Brecht lessen*, Theater der Zeit. ここでの日本語訳は林立騎による）と発言していた。「chen」は小さなものやかわいらしいものに付くドイツ語の接尾語で、日本語の「ちゃん」のような響きを持つ。Theater-chenとは「演劇ちゃん」とでも訳されるべきブレヒトの造語である。未来の演劇は「演劇ちゃん」たちにならなければいけない。これはどういうことだろうか。

それを考えるために、ブレヒトが一六歳のときに執筆した『聖書』という戯曲を振り返りたい。ブレヒトは聖書に親しんでいたが、その理由はルターの翻訳に興味を抱いていたからだと言われている。劇作家ハイナー・ミュラーによって「カトリック最後の作家」と命名されたブレヒトだが（Heiner Müller, "Was gebraucht wird: mehr Utopie, mehr Phantasie und mehr Freiräume für Phantasie," *Werke 10: Gespräche 1*, Suhrkamp）、私にはむしろルターから強い影響を受けているように見える。とりわけ初期の活動にそれが顕著だ。

例えば、ブレヒトの第一詩集『家庭用説教集』は、ルターの同名の説教集のタイトルをそのまま借りてきている。タイトルだけでなく、本の外見から賛美歌を模したソングが入っているところまで、ルターの『家庭用説教集』をそっくり模倣していた。しかし、中身は真逆で、殺人者や無頼芸術家やならず者ばかりが登場することから「悪魔の祈禱書」と呼ばれた。そうした転倒を含め、この詩集にはブレヒトの特徴がよく出ているように思う。

もっと本質的な影響が見られるのは「教育劇」である。演劇の未来形と呼ばれることもある「教育劇」だが、それが未来形であるポイントは、実は、すでにルターが実現していた試みと一致する。どうやらブレヒトは、ルターの宗教改革を「教育劇」でやり直そうとしていたように思えてならない。だとすると、演劇の未来はルターにあるという突飛な話になるが、どういうことか具体的に見ていこう。

ルターの宗教改革

ルターが宗教改革で行ったことのなかに、「民衆の口の中をのぞき込む」ように聖書をラテン語からドイツ語に翻訳した事業がある。そのドイツ語訳聖書を、グーテンベルクによって発明された印刷技術を使って本にした。ちなみにカトリック教会は、同じ印刷技術で免罪符を刷っていた。ルターの本を用いたメディア戦略はすさまじく、自身の著作を含む福音主義関連の本は、宗教改革が始まってからの一〇年間で六〇〇万部～七〇〇万部出回ったと言われている。その本を地区ごとのプロテスタント教会に置いていったのである。カトリックの教会は巨大で壮麗な建物が多く街や村の中心に位置するが、プロテスタントの教会はずっと小さく質素で、どちらかというと街に寄生するような趣だった。そこにドイツ語訳聖書が置かれたものの、当時の民衆は非識字者が多く、誰かが朗読する必要があった。そこで牧師が、集まった人たちに聖書を読んで聞かせ、説教をする。しかしそれだけではなかなか身体化されない。そこで、ルターは歌にすることを思いついた。賛美歌である。ルターはたくさんの賛美歌をつくり、自ら歌った。礼拝に賛美歌を導入したのもルターである。教会を飾り立てることを嫌ったルターであるが、代わりに歌で空間を満たそうとした。歌に留まらず、説教劇を書いて教会に集まった人に演じさせた。地区の人たちが集まり、聖書を元にした説教劇を牧師と一緒につくる。それは演劇ワークショップのようなもので、合唱も入った説教劇は、教会のイベントとしてお披露目され、新しい宗教的共同体のベースになっていっただろう。

以上のように、ルターは一極集中型の巨大なカトリック教会に対抗し、小さな教会を偏在させ、そこに聖書=本を置いていくことで、教会を「メディア・センター」に変えた。集まった人々は、歌や演劇によって楽しく聖書を学び、こうした活動を通して地域の共同体が育っていった。厳かで仰々しいカトリック教会に対して、ルターの教会は小さくて身近だったから、今でいうコミュニティ・センター（公民館）のような感じだったかもしれない。

ルターは祝祭の形もラディカルに更新した。カトリック教会の祝祭はラテン語による壮麗な儀式だが、ルターの祝祭はずっと世俗的で、歌や演劇による学びの楽しさをベースにしている。それでいて神の言葉に直接向き合えるのだから、人々は大いに解放されたのではないだろうか。

さらに、ルターの改革は町のつくりまで変えてしまった。ドイツの町を移動していると気づくことだが、カトリックの町とプロテスタントの町ではその構造が違う。例えば、私が住んでいたフライブルクはカトリックの町だから、旧市街の中央に巨大な大聖堂が聳(そび)えたち、その前の広場には市が立ち、広場を取り囲むように市役所や銀行といった建物が立ち並ぶ。宗教、政治、経済の中心が教会のまわりにはっきりと可視化されていた。他方、プロテスタントの町では複数の教会が街に点在し、小さな中心をいくつもつくり、そのネットワークで町ができている印象である。

　このように、ルターの宗教改革（リフォーメーション）は、宗教だけでなく、言葉、メディア、教会、祝祭、コミュニティ、都市を「再構成(リフォーム)」し、つくり変えるものであった。その方法は、最も本質的な部分を、誰もがアクセス可能でオープンなものに「翻訳」し、それを新しい技術やメディアに結びつけ、学びを楽しみに変え、一極集中を偏在型にするものであったと言えよう。ルターの宗教改革とは、いわば宗教を「宗教ちゃん」たちへと再構成する試みではなかったか。未来の演劇は「演劇ちゃん」たちにならなければいけないというブレヒトの思想を、ルターは先取りしていたように思うのである。

　一五年の亡命生活から東ドイツに戻り、大劇場で好きなだけ舞台をつくれるようになったブレヒトが未来の演劇は「演劇ちゃん」たちにならなければいけないと発言したとき、そこで頭に思い浮かんでいたのは自分の初心、つまりルターに帰ることではなかったか。具体的には、志半ばで中断せざるをえなかった「教育劇」の続きを展開すること。「教育劇」は、ルターによる宗教改革のブレヒト流「やり直し」であり、「演劇ちゃん」たちに至る通路だったように思う。結局、「教育劇」がブレヒトによって再開されることはなかったが、ルター／ブレヒトの方法は、未来の演劇を（再）構成するうえでいまだに有効であると私は考えている。「演劇ちゃん」は私たちに託されているのだ。

第5章 『ワーグナー・プロジェクト』

私の演劇との出合いから話を始め、ギリシア悲劇、ワーグナー、ブレヒトと演劇史を考察してきた。その背景には、「演劇とは客席である」という問題意識が常にあり、自分の実践と関連づけながら、私なりの視点で演劇史を振り返り、再構成し、新たな歴史を「捏造」してきた。研究者から見たらメチャクチャなところだらけかもしれない。しかし、自分の創作のために歴史を学ぼうとすれば、こうした「捏造」は避けて通れないのではないかと思う。なぜなら、演劇史とは自分の創作活動を鍛え、よりよく現実に応答できるようになるための「道具」であり、演劇史の一部になるために制作するわけではないからだ。

また、ここで誤解のないよう補足しておくと、私の場合は常に実践が先で、理論は後からやってきた。演劇史の勉強にしてもそうだ。ひょっとしたら整然とした印象を与えるかもしれないが、実際は右往左往しながら作品ごとに摑んでいったことを、後から人にわかるようギリギリまとめたにすぎない。作品にしてもプロジェクトにしても、こんなことがやりたいという衝動がはじめにあり、それをまず「表現」してみる。衝動に任せて、素早く、即興的に、ざっと「イメージ」にするのである。そのときは、直感による現実への応答という側面がほとんどすべてなのだが、それでは思いつきにすぎないから、ここからリサーチやスタディが始まる。演劇史に向き合うのも、この時点からだ。私にとって作品やプロジェクトは、理論を実現することでも、演劇史を検証することでもない。ただ、演劇史との格闘は、創作に豊かさと深さを与えてくれるように思う。また、繰り返し演劇史に向き合いつづけることで、演劇の知が身体化され、直感の精度を高めてくれる効能もある。

私の活動は、演劇（史）から離れていくようにしか見えないかもしれないが、しかし離れれば離れるほど、演劇（史）に帰っていく感覚もたしかにあるのだ。最終章では、演劇史と個人史を交差させる制作とはどういうものか、その具体例を紹介したい。横浜とフランクフルトで実施した『ワーグナー・プロジェクト』である。

発端

『ワーグナー・プロジェクト』は二〇一七年に神奈川芸術劇場（ＫＡＡＴ）で行ったプロジェ

クトで、私にとっては九年ぶりの劇場公演である。きっかけはこんなふうだった。

上野駅構内でＫＡＡＴの眞野純館長にたまたまお会いした際、「うちの劇場でも何かやらないか」と（おそらく社交辞令で）言われたので、とっさに「ワーグナー」と答えたところから話が始まった。後で聞くと、このとき、眞野さんは上野の東京文化会館でワーグナーを観劇した直後だったらしい。そんな偶然の助けもあって、話はとんとん拍子に進み、「ワーグナー」を上演することになった。私の場合、偶然が演じる役割は非常に大きい（そして、演劇史の裏側にも、偶然性は重要な要素として隠れている）。演劇を始めたのも偶然だし、自分の制作や活動のなかに偶然を招き入れるのが好きだ。偶然によってしか生成しない出来事があり、そのダイナミズムに演劇特有の面白さを感じるのである。

ニーチェはワーグナーをディオニュソスの体現者であると賛美し、その後否定するようになるが、そのきっかけはバイロイト祝祭劇場のこけら落としだった。ディオニュソスは生成変化の神であるのに、ワーグナーは完成を目指すようになってしまった。失望したニーチェは、演劇祭の途中で旅に出てしまう。では、ニーチェの言う、ディオニュソスの体現者としてのワーグナーとはどういうものなのだろうか。

せっかく劇場に戻るならば、私も出来のよい鑑賞物を見せるようなことはせず、偶然を呼び込み、そこで生成変化するものに賭けようという気持ちで準備を始めた。

なぜワーグナーか？

なぜワーグナーか。この問いにはいろいろな形で答えることができる。前述したような偶然もあるが、企画がスタートする理由は重層的で、いろいろな要素が絡み合っていることが多い。

まず、私の念頭にあったのは東京2020オリンピックである。一九六四年の東京オリンピックが日本の戦後復興を世界に宣言する場だったのに対して、東京2020オリンピックは、東日本大震災からの復興をアピールする場になるはずだった。しかしこの動きは、震災復興の破綻を、とりわけ福島第一原発の事故が収束していない現実を隠蔽するために、日本が一番勢いのあった一九六四年をカンフル剤として引用し、擬似的な祝祭でハイになろうとする倒錯に見えて仕方がなかった（新型コロナウイルスの影響で二〇二一年に延期になった結果、今度は新型コロナウイルスとの戦いを宣言する大会になった。便利なものである）。このように、オリンピックは災害や厄災からの復活を象徴する祝祭として開催されることが多い。そして、オリンピックをきっかけにして都市がつくり変えられるのである。

こうした祝祭モデルは「ワーグナー的」であり、もっと言えば、ナチスの手法と基本的には同じである。実際、ナチスは一九三六年にベルリンオリンピックを開催し、「民族の祭典」「美

『ワーグナー・プロジェクト』より

の祭典」として、国威を大いに発揚した。加えて今回のオリンピックも再び東京であり、一極集中がさらに進むことが予想される。祝祭という言葉で意味されているものが、古い意味でのワーグナー的な祝祭でしかなく、ワーグナー的な求心構造をファシズム的な統合に結びつけようとしている。しかし、求心的な祝祭を最高度に実現するためには、独裁的な体制が最もやりやすく、かつ、ワーグナーやアルベルト・シュペーアのような巨大な統合的才能が必要である。ところが、現代の日本においてトップダウンですべてが決まる政治体制は（幸いにして）存在しないし、統合的才能も時代に必要とされてないのだから出てきようがない。それでも、未来に人参をぶらさげてなんとなく時間を統御していくやり方は効果的で、現在を見えなくする目眩ましとしては十分機能しているように見える。

こうした中途半端な「国家的祝祭」に対して、演劇や芸術ができることはほとんどない。一九六四年には芸術が入り込む余地があったのだろう。二〇二〇年については反対することくらいしかできないように思われたが、反対するだけではつまらないので、小さくてもいいので新しい祝祭モデルを提示したいと私は考えた。そのためには、本丸のワーグナーにぶつかり、それを脱構築するのがいいだろう。ワーグナーが提示した「総合芸術」や「祝祭」という概念には大きな魅力を感じていたから、批評的な形で現代に更新することはできないものかという思いもあった。その「都市の祝祭」を、東京の隣町で実施するのである。

会場はKAATと決まっていたし、九年ぶりに劇場に戻るということで、ここは劇場史をとことん意識して、新しい劇場の使い方を提案したいと考えた。そのためには「テアトロン（客席）」の扱いをどうするかが肝になる。そこに集う人たちによってどのような「共同体」がつくられ、どういった「身体」が生まれるのか。チャレンジすべきポイントはそこしかなかった。すでに見てきたように、古代アテネのディオニュソス劇場で「市民」が誕生し、バイロイト祝祭劇場で「セレブ／権力者」が生まれ、ナチス党大会で「党員／ゲルマン民族」がつくられた。いずれも、求心的に一つに統合された「共同体」であり、強度のある「身体」であった。それに対して、横浜で私たちが仮設すべき「共同体」は、単一ではなく多様なものが混在し、求心的な強度ではなくある種の散漫さをもった「身体」である。上演の始まりと同時に完成品として出現し、終わりと同時に消滅するのではなく、公演期間を通じて生成変化していく「身体」のほうが面白そうだ。そのために「上演」や「公演」という概念を拡張する必要があると感じた。

ありえたかもしれないワーグナー

ワーグナーを批判するだけではつまらない。ワーグナーについて調べながら、ワーグナーの新しい可能性をどこに見出せるか、ありえたかもしれない「ワーグナー」をどのように発見することができるか、考えていった。ワーグナーに関する本を読んだり、上演史を辿ったり、ゲストを招いて話を聞いたりしながら、ワーグナーを別の視点で見るための補助線を思案するのである。私が気になった逸話にこんなものがあった。ありえたかもしれない『ニーベルンゲンの指環』である。

『指環』を上演するためにバイロイト祝祭劇場を建設した話は先に述べたが、ワーグナーは、現在とは異なる上演の形を構想していた。以下のようなプランである。

ライン川の岸辺に、『指環』を上演するための仮設劇場（木造）を建てる。合唱とオーケストラは現地のボランティアが担い、歌手だけヨーロッパ中から一流を集めて最良を目指す。入場は無料とし、市民に開放。一週間だけの祝祭劇として上演する。終了後は劇場を解体し、楽譜と一緒にすべて燃やす。

ドレスデン革命に参加したワーグナーはお尋ね者になり、命からがらドレスデンを脱出、それから一五年続く亡命生活に入った。右のプランは、亡命直後に立てられたものだ。『指環』が完成するのはそれから二五年後だから、当初はこの上演方法に適った別の『指環』をイメージしていたに違いない。そもそも『指環』には革命劇という側面があり、ワーグナーはそれを意識していたからこそ市民参加の民衆演劇として上演し、最後に燃やすなんてことを思いついたのだろう。

このプランは、大パトロンであるルートヴィヒ二世の登場などによって霧散したが、バイロイトに移住してからも、ワーグナーには民衆演劇を志向するようなところが残っていた。バイロイト市民と親しくなるために、いろいろな場所に顔を出すワーグナーは、靴職人でありながら歌の巨匠でもあったニュルンベルクの伝説的人物、ハンス・ザックスを演じていた。

また、ヴェネツィアで客死する直前、最後の晩餐で「かなうことならセイロンへ亡命したい」という謎めいた言葉を残している。ワーグナーはセイロン島で仏教的なユートピアを建設するつもりだった、という解釈まであるほどである。その真偽はともかく、亡くなる直前まで、亡命の可能性を思わせる発言をしていたことは興味深い。

ドレスデン革命でに深く関わり、命からがら逃亡した亡命者ワーグナーに注目し、彼が作ろうとしていた民衆演劇の可能性を、ありえたかもしれないワーグナーとして探ってみたい——。そのための補助線として、もう一人の亡命者ブレヒトを接続してみよう。とりわけブレヒトが志半ばで諦めざるをえなかった「教育劇」をぶつけること。つまり、ブレヒト教育劇によってワーグナーを解体し、ある種の散漫な楽しさをもった新しい都市の祝祭へと変換することで、ありえたかもしれないワーグナーに辿り着くことはできないだろうか。

そのために選んだ楽劇は『ニュルンベルクのマイスタージンガー』だった。

『ニュルンベルクのマイスタージンガー』

『ニュルンベルクのマイスタージンガー』はワーグナーが残した唯一の喜劇で、実際の街を舞台にした楽劇である。ワーグナーは、ニュルンベルクをドイツにおける芸術の首都と考えていた。前述したように、ヒトラーはその考えを受け継いだところがあり、ニュルンベルクを「帝国党大会の首都」とし、神聖ローマ帝国時代のニュルンベルクに接続することで、この街を聖地化した。また、第七回ニュルンベルク党大会（一九三五年）において、ユダヤ人から公民権を奪った「ドイツ人の血と名誉を守るための法律」と「帝国市民法」が公表・発布され、それらの悪法が「ニュルンベルク法」と総称されたことも、この都市の名をナチスに結びつけた。第二次世界大戦後、ナチスによる戦争犯罪を裁く国際軍事裁判が、ベルリンではなくニュルンベルクで開かれたことからも、そのイメージの強さが窺われよう。良くも悪くも「ドイツの根源」と結びついており、アメリカを中心とする連合国はそこにしっかりと蓋をしたかったに違いない。

『ニュルンベルクのマイスタージンガー』は、一六世紀のニュルンベルクを舞台にしている。粗筋は以下のようなものだ。

ある日、ニュルンベルクによそ者の青年騎士ヴァルターがやってくる。この町の市民になることを決めたヴァルターは、芸術愛好家の市民によって構成されたギルド（組合）が主催する歌合戦に参加するため、その資格試験に挑戦する。しかし、ルールを無視した歌と訳のわからない歌詞は、物笑いの種になるだけで不合格になる。ところが、靴職人であり、街一番の歌のマイスター（親方・巨匠）であるハンス・ザックスだけは、ヴァルターに本物の才能があることを見抜く。歌合戦に出て自分が優勝するよりもヴァルターの可能性に賭けたほうが、芸術にとって、そして民衆の精神にとってよりよい導きになるかもしれない、とザックスはヴァルターを育てる決意をする。その歌合戦は、優勝するとギルドの有力者の娘エーヴァを褒賞としてもらえるという催しであった。エーヴァを愛していたザックスだったが、彼は歌合戦への参加を取り止め、ヴァルターに歌の教育を施す。どうやって詩をつくるか、どうやって韻を踏むか、どのように歌うか。歌とは、芸術とは何かということが、靴づくりの技法と並行して伝授されていく。ザックスによる詩と歌の学校という趣である。ヴァルターは歌合戦に見事勝利し、相思相愛だったエーヴァを手に入れる。ザックスは民衆から賞賛され、真のドイツ的価値の守護者である、マイスタージンガーのもとに団結するよう民衆に呼びかける。「ドイツのマイスターを敬いなさい、それにより、善き霊たちをつなぎ止めることができます。そして、マイスターの働きに好意を惜しまなければ、たとえ、神聖ローマ帝国が霞となって消え失せようとも、神聖なドイツの芸術は変わらず、われらの手に残るでしょう！」（高辻知義訳）。民衆は「ハイル！　ザックス！（ばんざい！　ザックス！）」という歓声でザックスの言葉に応じ、舞台は大団円で幕を閉じる。

ハンス・ザックスはニュルンベルクに実在した。ワーグナーが実在の人物を主人公にした作品はこれだけである。ザックスは靴職人であり、謝肉祭のための劇を数多く書いた劇作家でもあった。そのためシェイクスピアの先駆とも呼ばれている。シンガーソングライターとしても多くの曲を残していて、なかでも有名なのが「ヴィッテンベルクの小夜啼鳥（さよなきどり）」というルターを讃える歌である。小夜啼鳥とはルターのことで、宗教改革において、民衆レベルでルターを援護するのに多大な貢献をしたとされる。ハンス・ザックスの背後にはルターがおり、ルターの背後には聖ヨハネがいた。聖ヨハネはイエスに洗礼を施した聖人で、『ニュルンベルクのマイスタージンガー』は、聖ヨハネ祭が催されている一〇日間の出来事という設定である。ザックスは、聖ヨハネやルターのように民衆を精神の高みに導く案内人であり、ワーグナーは、自分をザックスに重ねていたのではないかと思われる。その背景には、この楽劇が作られたのと時を同じくしてドイツを統一したビスマルクの存在がある。政治的に統一されたドイツに対し、宗教と芸術によるドイツの統一を別の可能性として提示し、民衆を導こうとしたワーグナーの野心が見て取れるようだ。

ストリートの歌合戦

『ニュルンベルクのマイスタージンガー』では、町人による歌合戦が行われる。最後の歌合戦こそ郊外の広場で行われるが、それ以外は基本的に町のなか、ストリートが舞台である。町民たちはストリートで歌を歌い、切磋琢磨する。

現代に目を移すと、どうだろうか。今ストリートで歌合戦をやっているのは、街中でサイファー（公園やストリートなどに集まり円になってフリースタイルラップをしあうこと）をやっている若いラッパーたちではないだろうか。しかし、彼らは劇場になどやって来ない。劇場で舞台を観る暇があったら、仲間とラップの練習に励むだろう。

街でサイファーを覗くたびに、彼らの熱量や活きのよさを、私はうらやましく思っていた。ラッパーたちを劇場に招き入れ、劇場をラップを学ぶ場に変え、そこに通常とは別のコミュニティ（共同体）を出現させたらどうだろうか。私には、彼らこそがヴァルターに見えた。劇場にとっては「よそ者」かもしれないが、ラッパーをはじめとするヒップホップの人たちが持つ可能性は、そのまま都市の可能性でもあるように感じられた。普段から劇場に通っている観客層と、劇場とは相容れないラッパーたちが、同じ場を共有し、相互に混じりあえば、そこに一時的で仮設の新しいコミュニティが生まれるに違いない。

繰り返しになるが、劇場とは、動員／排除のシステムにより「観客」をつくりだす装置である。「市民」「セレブ」「国民」「党員」「民族」「民衆」……といった「共同体」をつくり、それらに「身体」を与えてきた。九年ぶりに劇場に戻るにあたり、この毒にもなれば薬にもなる劇場の可能性について、強く意識して臨みたいと私は思った。具体的には、どういう人に集まってもらい、どういう人を排除するかということになる。この言い方は、良識派を自認する人たちから断罪されるだろう。ポリティカル・コレクトネス的にも引っかかりそうである。けれども、現実に劇場は動員／排除のシステムを、時に意図的に、時に無意識に作動させ、ある種の人たちを動員し、別の人たちを排除してしまうものなのだ。それが劇場の本質的機能であることは、演劇史を通して見てきたとおりである。ラッパーたちが劇場に来ないことだって、この機能と無関係ではない。イベントの内容、入場料、資格、ドレスコード、居心地、集まる人のタイプ、主義主張、立地、匂い、治安、ノイズなどなど、さまざまな要素が見えない「壁」をつくり、人の出入りを制御し、動員／排除のシステムを作動させているのだ（余談になるが、以前コロンビアの首都ボゴタにあるマパ・テアトロという劇団で、二週間ほどのワークショップをやったことがある。そこはボゴタで最も危険な通りにあった。主宰者はこの通り沿いに劇場があるということが、我々のメッセージでもあるんだと力説していた）。

そうであるならば、劇場の持つ機能を徹底的に意識し、それを逆手に取るかたちで使うほうがいい。劇場をラッパーたちが集う場にすること、それは同時に、ワーグナーやオペラのファンを排除することを意味する。もちろんオペラファンにもラップに興味を持つ人はいるはずだから、その人たちは楽しめるかもしれない。しかし、大多数のオペラファンは、『ニュルンベルクのマイスタージンガー』の断片一つ演奏されることのない公演に耐えられないだろう。『ワーグナー・プロジェクト』と銘打ちながら、オペラファンにはご遠慮いただくというわけである。正直に言えば、オペラファンだけではなく、舞台上に展開される作品を客席で鑑賞するのを常とする演劇ファンから敬遠されることも厭わなかった。こんなことを言うとひどく傲慢に聞こえるかもしれないが、例えばバイロイト祝祭劇場ではもっとあからさまに逆のことが起きている。そこは世界中から集うワグネリアン（ワーグナーを熱烈に愛する人たち）や、政財界のトップが姿を見せる場であり、ラッパーなどははじめからお呼びでない（というより、彼らのほうこそ寄り付きたくないだろう）。横浜のＫＡＡＴという劇場にしても、ラッパーにとっては縁のない場所だった。ここに、ラッパーが集う仮設コミュニティをつくるにはどうすればいいか。それを考えると、劇場のさまざまな決まりや慣習やコードにあらためて向き合う必要に迫られる。

若いラッパーたちを遮断し、劇場から遠ざけている要因はいろいろある。高い入場料、上演中の入退場の不自由、飲食の禁止、観劇中のマナー、スマホの禁止……などは、まさにワーグナーが完成した「集中せよ！」という近代演劇のルールに関係するものだ。そこを一つ一つ再検討し、劇場に掛け合い、変えられるところは変えてもらうのである。当然ながら、劇場には入場料金のシステムがあるし、劇場の内部での飲食は厳禁、観劇中に守られるべきルールもある。そこをいちいち変えてほしいと言われるのだから、劇場にしたら迷惑この上ない話だったと思う。しかし、その部分から変えていかないと、若いラッパーは劇場に来ない。劇場に新しいコミュニティを仮設するためには、劇場の基本システムの変更を検討してもらわざるをえなかった。ありがたいことに、ＫＡＡＴの制作チームは精一杯努力してくれて、入場料金も『ワーグナー・プロジェクト』独自のシステムをつくり、若い人には破格の料金のチケットを用意することができた。劇場内での飲食も可能になり、タイ料理とクルド人によるケバブを連日日替わりで提供した。入退場は自由とし、Wi-Fi環境を整え、特別ブースで服（ワークショップの講師も務めてもらった山下陽光さんのファッションブランド「途中でやめる」）の販売までさせてもらった。劇場内でこうした試みがなされたというだけでも、前代未聞ではないだろうか。

劇場の使い方にしても、普通であれば無理だと一蹴されてしまいそうな舞台装置は言うに及ばず、イレギュラーな使い方の数々を実現してくれた。例えば、劇場内でグラフィティを書くという行為は、スプレーの臭いや粉が霧散してしまうため絶対にNGなのだが、KAATの技術チームは創意工夫でもって見事に解決してくれた。こうしてさまざまな課題に一緒にチャレンジしてくれた劇場には、本当に感謝の気持ちしかない。それにしても、KAATには赤字を含め大変な負担をかけたと思う。私は「一発レッドカード」となり、その後、二度と声がかからないのは当然の結果だと言えよう。

お祭り広場

劇場にコミュニティを作ろうとした場合、動員／排除のシステムをどのように構築するかに

「お祭り広場」

加えて、建築物としての、文字どおりのアーキテクチャも問題になる。ディオニュソス劇場、バイロイト祝祭劇場、ニュルンベルクのナチス党大会会場、そして劇場を解体する可能性を孕んでいたブレヒト教育劇の例を通して、これまで考えてきた事柄である。『ワーグナー・プロジェクト』は劇場で行われるのだから、この点が特に重要な課題になったのは言うまでもない。つまり、どのような「客席」をつくり、どのように「観客」をオーガナイズすることができるか。具体的には、どのような舞台装置をつくれば、ラッパーたちと観客が入り混じるコミュニティを出現させ、その「身体」を可視化することができるだろうか。そして、『ニュルンベルクのマイスタージンガー』に登場するストリートや広場を、現代における「都市の祝祭」としてモデル化するにはどうすればいいか。「都市の祝祭」の場は、いかに小さなものであろうとも、いや、極小のモデルであるからこそ、東京オリンピックという国家的祝祭のカウンターになる必要があった。

こうした問題意識をすべて先取りしていた、いや、先取りする可能性のあった広場がある。一九七〇年に開催された大阪万博の中心、磯崎新さんも設計に関わった「お祭り広場」である。万博という国家的祝祭の中心に位置する広場であるからには、二〇世紀に実現された国家的祝祭のなかで、最高の強度を持った「ツェッペリン広場」が意識されなかったわけはない。あの第六回ナチス党大会で「光の大聖堂」を出現させた広場である。しかし、万博も国家的祝祭なのだから、求心的な広場が求められたのは当然だろう。しかも、開会式には後の明仁天皇である皇太子が登場した。その種の「国家儀礼」的な祭りの場としても機能するものでありながら、同時に、時代の最先端を行く大衆のための広場でもあること。この分裂を引き受け、具体的な形を与えるにはどうすればいいだろうか？

磯崎さん自身の言葉に耳を傾けてみよう。

この広場については、当初のプランでは漠然と、会場計画のなかでほぼ中心に位置し、数万人の観客があつまり、巨大な催しものがなされる場をつくるということだけが記述され、具体的な内容は、まったく未定であった。その広場にエレクトロニクスの技術を使って、総体としてひとつの環境の生活をあたえるために、私は、美術家、作曲家、都市計画家、システム・エンジニア、建築家などの研究グループに参加し、「お祭り広場」の装置の原型になるようなイメージを、討論と研究をくりかえしてつくりあげ、プロジェクトのかたちにまとめる作業をした。（磯崎新「セドリック・プライス」『建築の解体』鹿島出版会）

こうしたプロセスを経て抽出された「お祭り広場」の基本的な発想は、以下のようなものであった。

「あらゆる施設が固定されず、自由な結合関係が保持できるようにし、使用者がそれを利用していく過程でえられた情報を徐々に集積して、最終的にある未知のパターンに収斂させる」（「広場の自己学習」）。「同時に、イヴェントのタイプに応じて施設が自発的に応答する」。さらに「観客が広場にまぎれこみ、機械と応答する」（前掲書）。

これらの提案内容は、「管理者的観点から禁止され」、また、「広場に貴賓のための中心軸が設定されたため」、「外形だけは実現した」ものの本質的な意味で達成されることはなかった。

しかし、このありえたかもしれない「お祭り広場」こそ、さまざまな点において「ツェッペリン広場」への批判を内在化し、新しい「広場」のモデルを提示する意思や仕掛けに溢れていたのである。まず、決定のプロセスにおいて、ある一人の個人が独裁的に決めたものではなく、さまざまな分野の他者と「討論と研究をくりかえして」まとめあげられたという点で、それは

黒い太陽とお祭り広場

逆を行くものであった。また、機能面でも、動員した人々を一つに統合するための広場ではなく、使用者の利用データを蓄積することで広場が「自己学習」し、使用者の活動に応じて自発的に応答するという点において、さらに、観客を強制的にコントロールする装置としてではなく、演者と観客が入り混じり、機械装置と共演（共同遊戯）する可能性をひらく広場であったという点で、「ツェッペリン広場」を確信犯的に乗り越えようとするものであったと言える。

だからこそ、このありえたかもしれない「お祭り広場」は、万国博覧会のような国家的祝祭へのカウンターとして機能しうるものになるはずだった。具体的なポイントを挙げるならば、「統合と力」を志向するのではなく、使いようによって求心的にもなれば開放的にもなる可変的な構造。ただ一つの宗教儀式だけでなく、あらゆる世俗的イベントにも対応できる応用可能性。参加者に画一的な身振りをインストールするための空間ではなく、そこで行われる多様な活動によって変容する空間。「千年後に美しい廃墟となる」ような建築物ではなく、最新のテクノロジーによって不確定要素に対応し、人間と機械装置との共演（共同遊戯）を実現する「システム」としてのアーキテクチャ（その「反建築」の象徴が、「お祭り広場」を動き回る二体のロボット、デメとデクだったに違いない）。

しかし、実際には国家による圧力が強大すぎ、また、プロセスが複雑すぎたせいで、そして何にもまして、磯崎さんがまだ若く、トップに丹下健三という「国家的建築家」がいたことにより、その設計コンセプトは挫折せざるをえなかった。内部に他者を抱え込み、さまざまな分裂や矛盾を引き受けながら、ギリギリの「統合」を実現しようとした磯崎新の「テロ」は、未遂に終わったのである。

右上に黒い太陽が見える
『ワーグナー・プロジェクト』より

しかし、そこで構想されたアイデアは、

いまだに有効だと私は考える。ありえたかもしれない「お祭り広場」という未完の「プロジェクト」を経由して、ワーグナーの『ニュルンベルクのマイスタージンガー』にアプローチすることは、演劇、広場、祝祭というすべての点において重要かつ必然であった。

こうしたプロセスを経て、『ワーグナー・プロジェクト』の空間設定が決まった。「お祭り広場」の中央に召喚されたのは岡本太郎の「太陽の塔」だったが、「黒い太陽」が背負われたその裏側に、私たちの劇場空間を接続しようと考えた。つまり、劇場空間を「黒い太陽」の裏にのびるストリートに見立てたのである。「裏通り」が広場になるのだ。

舞台装置

舞台装置の設計は、ここ数年仕事をご一緒している建築家の小林恵吾さんにお願いした。これまで見てきたように、それは単なる「舞台装置」以上の意味を持つ、『ワーグナー・プロジェクト』の最も重要な基礎であった。私の演劇的な問いに、小林さんが建築的観点からプロフェッショナルな応答をしてくれる。レクチャーをしてもらったり、ヒントになりそうな建築例やプランを見せてもらったり、たくさんのことを学びながら議論を重ねていった。途中からは

『ワーグナー・プロジェクト』より

模型が登場し、ああでもないこうでもないと試していくなかで形ができあがっていく。最終的に、次のような舞台装置が出現した。

ＫＡＴの大スタジオを空っぽにして、中央のラインはそのままに、建設現場などで使われるイントレ（足場）を両サイドに組みあげる。高さはともに三階建てで、両サイドにイントレの「箱」が積み重なっている様相だ。するると、劇場空間の真ん中にくり抜かれたようなヴォイド（空洞）ができる。このヴォイドが、「広場」であり「ストリート」である。

イントレの「箱」はある種のモジュールで、ＤＪセットが設置されたＤＪブース、何台ものパソコンが並ぶ映像編集室、ラジオをオンエアーで放送するスタジオ、スクリーンに映像を投影するオペレーション・ルーム、食べ物や飲み物を販売する売店、ライブでグラフイティを書くブースなど、はじめから使い方が決まっている「箱」もあれば、空っぽのままだったり、椅子が置いてあるだけだったり、そこをどう使うかによって変容する「箱」もある。それらの「箱」が、階段や通路でつながっている構造だ。

また、さまざまな場所に複数のモニターが設置され、日々のイベントが記録された映像をいつでも閲覧できた。さらに、日々放送されているラジオ番組もアーカイブ化され、劇場内であれば繰り返し聞くことができる。

劇場空間の真ん中にくり抜かれた「広場／ストリート」には何もない。しかし、ライブのステージになったり、サイファーの円ができたり、MCバトルの場になったり、食堂になったり、レクチャーの教室になったり、ダンスのフロアになったりする。つまり、用途に応じていろいろな使い方ができるようになっており、日々刻々と空間が変化していくのだ。グラフィティ・アーティストのSnipe1さんによってライブで書かれるグラフィティは、翌日には「箱」に取り付けられ、空間全体を変容させていく。そして、「広場／ストリート」の真上には、大きな黒い球体が吊り下げられた。「黒い太陽」である。

では、この劇場空間において「客席」はどこにあるのか。答えは、どこにもあってどこにもないということになる。いくつかの出入り禁止区域を除いて、「観客」はどこにでも自由に移動することができた。何かを見たり聞いたりするという意味で、あらゆる場が「客席」になるが、いわゆる客席として用意された場所はなかった。例えば、両サイドに建てられたイントレ

『ワーグナー・プロジェクト』より（上下とも）

のなかから、真ん中のストリートで行われているワークショップを見ていたとする。自分の座る場所が「客席」になるのだが、向かい側のイントレに座る人も目に入るし、自分もまた彼らの視界に入っていることを意識せざるをえない。こうした空間にいると、街にいる「見物客」を演じているような感覚になる。また、同時並行で展開されているそれぞれの「箱」のなかの活動は、見方を変えればそれ自体が見世物であり、観客として見ることもできれば、参加者として関わることもできた。つまり、観客という立場も、客席という場所も、常に変容可能な状態に置かれ、いろんな場所で生成されるものとして考えられていたのである。

この構造は、演劇を鑑賞することに慣れた一部の人たちを混乱させた。舞台作品としての強度に欠け、何がしたいんだかさっぱりわからない、というのである。はっきりとした鑑賞物がなく、観客として自分がどう振る舞ってよいかわからずに戸惑った、ということだと思うが、劇場空間において戸惑いや混乱を覚えるのは決して悪いことではない、と私は考えている。躊躇しながら、自分の立ち位置や場への関わり方を模索していけばいいだけの話だ。劇場空間内を好きに歩きまわることが、楽しみに変わることだってあるだろう。場合によってはパフォーマーになってもよい。観客はその場に同化されたり、統合されたりするだけの存在ではないはずだ。むしろ私は、同化や統合とは別のあり方を探求するために、わざわざワーグナーに向き合い、『ワーグナー・プロジェクト』を立ち上げたのである。

「舞台」についても同様で、ここがステージだと決められた場所はなかった。ラッパーがここで歌いたいとなればそこがステージになり、パフォーマンスの最中に移動を繰り返し、空間全体を「舞台」にするラッパーもいた。しかしその舞台は、いわゆる鑑賞物を見せるためのステージではなく、観客の存在を巻き込みながら、時間とともに生成変化する状況であり、それを取り囲む環境だった。

つまり、この舞台装置は、劇場空間で起きる多様な出来事に応答し、演者と観客が入り乱れながら器械装置と戯れることのできる「システム」として設計された。その意味で、ありえたかもしれない「お祭り広場」のコンセプトを私たちなりに受け継ぐものであった。

そもそも「広場／ストリート」の本来的なあり方とは、そこで生起する多種多様な振る舞いを容れる器のようなものだろう。私たちの「広場／ストリート」は、九日間の祝祭によって生成し、束の間出現したコミュニティの振る舞いとともに変化していった。祝祭が通過し、コミュニティが場所を移してしまえば、後には何も残らない。ワーグナーの仮設劇場のように燃やすまでもないだろう。舞台装置は仮設だから、どこにでも移動できる。横浜では劇場だったけれど、都市のパブリックスペースに舞台装置＝「システム」をインストールすることもできる。いわば、お祭りの山車（だし）のようなものである。「広場／ストリート」が生まれ、人々が集い、振る舞いが祝祭をつくっていくのだ。

『ワーグナー・プロジェクト』の舞台装置は、どのような「客席」をつくり、どのように「観客」をオーガナイズすることができるか、という問いへの私たちなりの回答だった。

ラップの学校

『ワーグナー・プロジェクト』では、こうした基礎の部分がとりわけ重要だった。基礎が整うと、今度は上演の内容が問題になってくる。

ディオニュソス的な生成変化を求めていたので、事前につくった完成品を劇場で見せる、という方向性は最初から捨てていた。基礎部分に関しては一年以上かけて準備をしたが、上演についてはリハーサルなしでやろうと考えた。つまり、ぶっつけ本番。これは、演劇をやってきた人間にとってはかなり怖いことで、私もなかなか決断することができなかった。ところが、別の作品制作でレバノンのベイルート（バイロイトではない）で現地スタッフとカフェのテラスで打ち合わせをしていたとき、すでに日が暮れて通りは薄暗くなっていたが、彼らの明るい声を聞いていたら突如として勇気と好奇心が湧いてきた。リハーサルはなし、初日に公開オーディションをする。このアイデアを思いついたのである。

このプロジェクトを一言でまとめるなら、「ラップの学校」ということになる。

オープニングが公開オーディションで、そこで選抜された人たちが「ワーグナー・クルー」

となり、九日間のラップの学校に通う。プロのラッパーによって連日行われる「授業」(レクチャー、ワークショップ、ライブコンサートなど……)を通して学んだ成果を、最終日にクルー一人一人が披露する。これが基本フレームである。クルーは、空いた時間にサイファーやMCバトルをやりながら技を磨くこともできる。それは一日六時間×九日間の「学校」であり、五四時間かけての『ニュルンベルクのマイスタージンガー』の「上演」であった。

ラップやヒップホップに学校など必要ない、矛盾している、と言われそうだが、だからこそあえて「学校」をつくろうと考えた。ブレヒトの教育劇がある意味で反教育であったように、ラップの学校も反教育の場になればいいし、演劇は常に、矛盾や分裂を抱えていたほうが面白い。

もう少し具体的に「学校」を見ていくと、ラップの学校の「校長」にあたる音楽監督には、DJでヒップホップ研究者の荏開津(えがいつ)広さんを迎え、準備段階から一年がかりで、ヒップホップとはなにか、ラップとはどういうものか、講師に相応しいラッパーは誰か、どういった「授業」が必要か……などなど、多くのことを学ばせてもらった。

実際のカリキュラムは、次に掲載する時間割のとおりである。

あとはクルーの応募を待つのみとなったが、ここで大きな問題が出てきた。応募がこないのである。オープニング二週間前だというのに、高校生ラッパーが二人応募してきてくれただけだった。初日を公開オーディションにすると決断したはいいけれど、劇場で行われる「ラップ

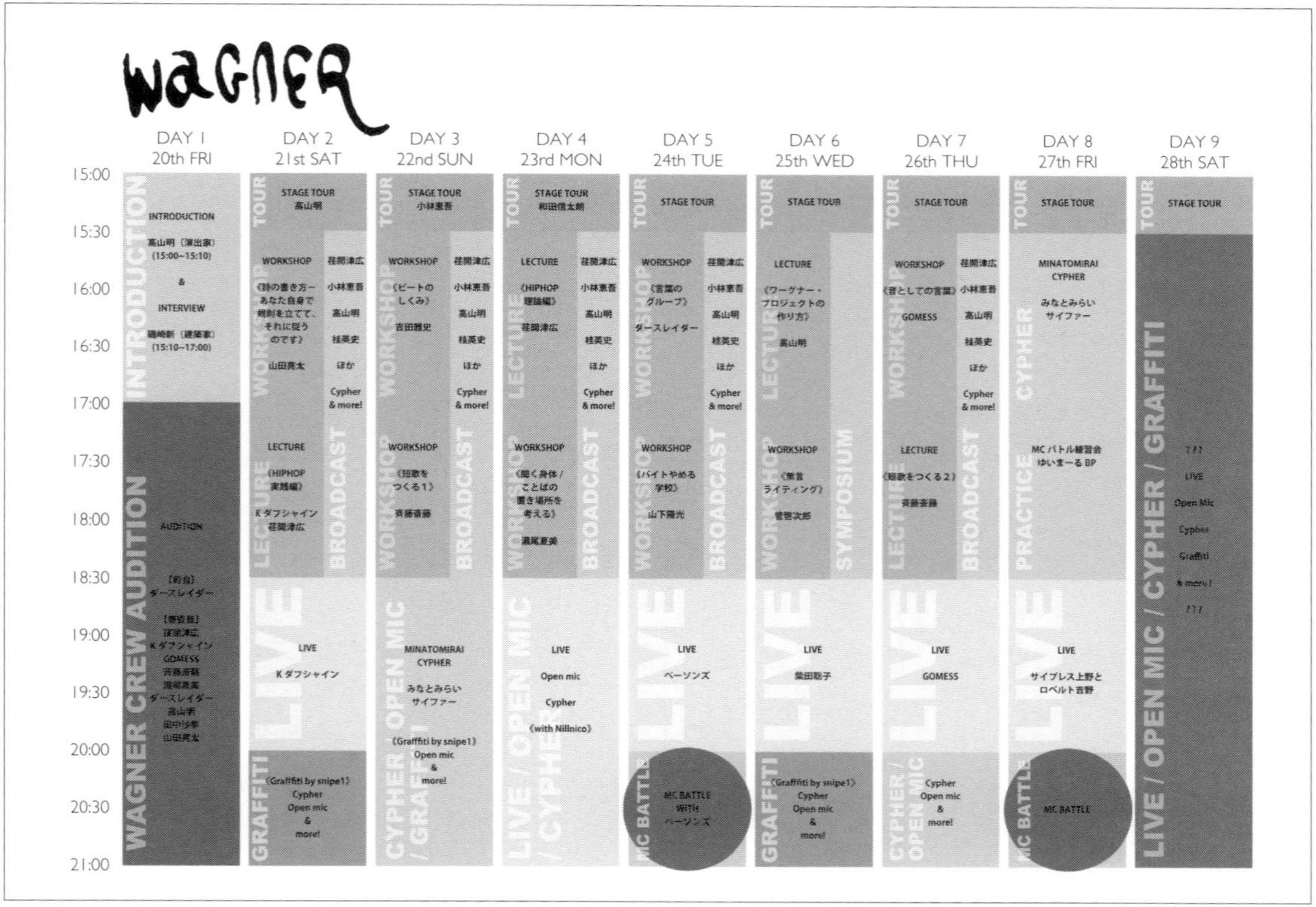

WAGNER

Timeline: 15:00 / 15:30 / 16:00 / 16:30 / 17:00 / 17:30 / 18:00 / 18:30 / 19:00 / 19:30 / 20:00 / 20:30 / 21:00

DAY 1 20th FRI

INTRODUCTION (15:00–17:00)

INTRODUCTION
高山明（演出家）
(15:00~15:10)
&
INTERVIEW
磯崎新（建築家）
(15:10~17:00)

WAGNER CREW AUDITION (17:00–21:00)

AUDITION

【司会】
ダースレイダー

【審査員】
荘開津広
Kダブシャイン
GOMESS
斉藤斎藤
瀬尾夏美
ダースレイダー
高山明
田中[illegible]
山田亮太

DAY 2 21st SAT

TOUR: STAGE TOUR 高山明

WORKSHOP: WORKSHOP《詩の書き方ー あなた自身で規則を立てて、それに従うのです》山田亮太

BROADCAST: 荘開津広 小林恵吾 高山明 桂英史 ほか Cypher & more!

LECTURE: LECTURE《HIPHOP 実践編》Kダブシャイン 荘開津広

LIVE: LIVE Kダブシャイン

GRAFFITI: 《Grafffiti by snipe1》 Cypher Open mic & more!

DAY 3 22nd SUN

TOUR: STAGE TOUR 小林恵吾

WORKSHOP: WORKSHOP《ビートのしくみ》吉田雅史

BROADCAST: 荘開津広 小林恵吾 高山明 桂英史 ほか Cypher & more!

WORKSHOP: WORKSHOP《短歌をつくる1》斉藤斎藤

CYPHER / OPEN MIC / GRAFFITI: MINATOMIRAI CYPHER みなとみらいサイファー 《Grafffiti by snipe1》 Open mic & more!

DAY 4 23rd MON

TOUR: STAGE TOUR 和田信太朗

LECTURE: LECTURE《HIPHOP 理論編》荘開津広

BROADCAST: 荘開津広 小林恵吾 高山明 桂英史 ほか Cypher & more!

WORKSHOP: WORKSHOP《聞く身体 / ことばの置き場所を考える》瀬尾夏美

LIVE / OPEN MIC / CYPHER: LIVE Open mic Cypher《with Nillnico》

DAY 5 24th TUE

TOUR: STAGE TOUR

WORKSHOP: WORKSHOP《言葉のグループ》ダースレイダー

BROADCAST: 荘開津広 小林恵吾 高山明 桂英史 ほか Cypher & more!

WORKSHOP: WORKSHOP《バイトやめる学校》山下陽光

LIVE: LIVE ベーソンズ

MC BATTLE: MC BATTLE WITH ベーソンズ

DAY 6 25th WED

TOUR: STAGE TOUR

LECTURE: LECTURE《ワーグナー・プロジェクトの作り方》高山明

WORKSHOP: WORKSHOP《無言ライティング》菅啓次郎

SYMPOSIUM

LIVE: LIVE 柴田聡子

GRAFFITI: 《Grafffiti by snipe1》 Cypher Open mic & more!

DAY 7 26th THU

TOUR: STAGE TOUR

WORKSHOP: WORKSHOP《音としての言葉》GOMESS

BROADCAST: 荘開津広 小林恵吾 高山明 桂英史 ほか Cypher & more!

LECTURE: LECTURE《短歌をつくる2》斉藤斎藤

LIVE: LIVE GOMESS

CYPHER / OPEN MIC: Cypher Open mic & more!

DAY 8 27th FRI

TOUR: STAGE TOUR

CYPHER: MINATOMIRAI CYPHER みなとみらいサイファー

PRACTICE: MCバトル練習会 ゆいまーる BP

LIVE: LIVE サイプレス上野とロベルト吉野

MC BATTLE: MC BATTLE

DAY 9 28th SAT

TOUR: STAGE TOUR

LIVE / OPEN MIC / CYPHER / GRAFFITI: ??? LIVE Open Mic Cypher Graffiti & more! ???

の学校」などに関心を持ってくれるラッパーはいないようだった。これはまずいことになったと内心焦ったが、少し冷静になって考えると、問題は情報の伝わる経路かもしれず、劇場が持っているネットワークとヒップホップ・コミュニティのネットワークがまったく異なっていて、宣伝やチラシといった私たちの声がまるで届いていない可能性があった。そこで演出助手の田中沙季さんに、東京、横浜、川崎のサイファー・コミュニティをまわってもらうことにした。チラシをつくってあらゆるサイファーを訪ねてもらい、一人一人に話しかけ、スカウトしてもらうのだ。異なるコミュニティ同士を横断したり、接続したりする場合、そもそも重なり合いがないために互いの声がまったく届かないときがあるように思う。そんな場合、人が移動してつないでいくのが一つの方法になりうる。手間のかかる地道な作業で、声を届ける人の力量にかかるところも大きいが、コミュニティというものの本質に関わる大事な部分である。劇場とは、その横断と接続を圧縮して反映したものにすぎないのかもしれない。サイファーをまわってもらった甲斐あって、最終的には六七名の応募が集まり、初日を迎えることになった。

オープニング・インタビュー

初日は「ワーグナー・クルー」を決める公開オーディションだが、その前にどうしてもやりたかった別のイベントがある。磯崎新さんを招いての公開インタビューである。こちらが本当のオープニングで、『ワーグナー・プロジェクト』にとってなくてはならない通過儀礼のように考えていた。磯崎さんが「お祭り広場」の設計に関わったことだけが理由ではない。古代のディオニュソス劇場から、近代のバイロイト祝祭劇場、そして現代のツェッペリン広場までを視野に入れ、その歴史に誰よりも対峙している建築科だと思ったからだ。その一つの成果がありえたかもしれない「お祭り広場」だったわけだが、それは六〇年以上に及ぶ磯崎さんの巨大な活動全体から見たらそれはほんの一部でしかない。劇場や祝祭や都市についての思考や実践は膨大であり、古代につながっていると同時に最新、権力や暴力に接近していると同時に革命的である。私から見れば、磯崎さんは劇場や広場の設計者という域を超えて、都市そのものを劇にする「劇作家」なのであった。

『ニュルンベルクのマイスタージンガー』のハンス・ザックスは靴職人だったが、プラトンが『ティマイオス』に登場させた宇宙創世の神デミウルゴス（造物主）は、もともと靴職人や大工のような手仕事をする職人を指していた。ワーグナーがそれを意識しなかったはずはない。

そして、磯崎さんにはその名も『造物主義論――デミウルゴモルフィスム』という著作がある。「造物主義」という点において、ザックス、ワーグナー、磯崎新という三人のマイスターは交錯する。さらに遡ると、古代アテネの悲劇作家たちは大ディオニュシア祭で「神話」を上演した。彼らは、都市国家の秩序を形成する神話に材を取りながら、その秩序を揺さぶり、制度をずらし、「母を犯し、父を刺し」（磯崎新）殺した裏切り者／英雄だった。その意味で、ギリシア悲劇の作家たちは制度の（再）設計者だったが、磯崎さんは、私が知るどんな演劇人よりもその後を継いでいるように見えた。

『ニュルンベルクのマイスタージンガー』は、「ハイル！　ザックス！（ばんざい！　ザックス！）」という言葉で幕を閉じた。私たちはオープニングにザックス／ワーグナー／磯崎新を招き入れ、楽劇のラストを「再演」することから始め、九日間かけてその先を上演しなければならない。私は『ワーグナー・プロジェクト』開会の挨拶を済ませ、磯崎さんを私たちの「広場／ストリート」へ、「黒い太陽」の下にお招きした。

磯崎さんは『ニュルンベルクのマイスタージンガー』との出合いから話を始めた。ある日、武満徹から渡されたレコードが『ニュルンベルクのマイスタージンガー』だったそうで、武満曰く、ワーグナーの楽劇はいろいろあるけれどどこの曲は特別だと。それから話は劇場の歴史に移っていった。古代アテネのディオニュソス劇場から始まり、ルネサンス期にパッラーディオが設計したテアトロ・オリンピコへ。テアトロ・オリンピコは舞台の奥に街並みが建設されており、それが客席からストリートに見えるよう設計されている。実際には劇場の背後は壁なのだが、舞台の背後に街が見えるという古代ギリシア劇場以来の構造を残していた。それから舞台の背後を「壁」で塞ぎ、物理的にも心理的にも、劇場内で神話が完結するようにしたワーグナーのバイロイト祝祭劇場。さらにナチス党大会が開かれたツェッペリン広場を経由し、「お祭り広場」へと話は展開していった。最後に、こうした劇場史が私たちの舞台装置、「お祭り広場」の裏手にのびる「広場／ストリート」へと見事に接続され、オープニング・イベントは終わった。

劇場での九日間

磯崎さんへのインタビューの後、いよいよ公開オーディションが始まった。司会はラッパーのダースレイダーさんである。応募者は、一人ずつ「ストリート」に出てきて自分なりのアピールをしていく。DJ、ラッパー、詩人、歌人、作家、スカウト担当といった面々に私を加えた、九人の審査員が審査にあたる。すべてのプロセスが公開で行われた。どうなることかと冷や冷やしたが、ダースレイダーさんの見事な司会のおかげで、最終的に一六名の「ワーグナー・クルー」を選出できた。ラッパーと一括りにすることはとてもできない、多様な人たちが集まった。クルーは毎日劇場に来てすべてのプログラムに参加できるが、落ちてしまった人にもチャンスが残されていて、担当講師が許可すればクルー同様の参加が許された。毎日来て最後はクルーになった人も数名いた。

こうして九日間の「ラップの学校」が始まった。

毎日一五時から二一時までの六時間、劇場が「ラップの学校」になった。カリキュラムは日毎に異なり、レクチャー、ワークショップ、ライブ、サイファー、MCバトル、ライブ・グラフィティとさまざまだ。講師陣も、DJ、ラッパー、ヒップホップ研究者、詩人、歌人、作家、ファッションデザイナー、と多様だった。これらすべてが「学校の授業」であり、同時に、『ニュルンベルクのマイスタージンガー』の「上演」なのである。プロのラッパーによるライブやMCバトルは見世物として完成された形を持っていたが、それ以外は半ば見世物、半ばリアルな学校だったから、時にルーズで、時に散漫で、劇場を訪れた人のなかには面食らった人もいたようである。どこにいればい

「ワーグナー・クルー」たち

いのか、何を見ればいいのか、さっぱりわからないというのだ。そうした観客の存在を含め、劇場空間内で生起するすべての出来事が「授業」であり、「上演」なのであった。

「ワーグナー・クルー」は連日顔を合わせ、「授業」を受け、練習を繰り返し、一緒にご飯を食べ、人によっては私たちが借りていた宿舎に泊まるから、かりそめではあるけれどリアルなコミュニティに育っていった。やんちゃ盛りの年代が多かったので、劇場のなかからも外からもクレームのない日はなかったくらい、いろんなトラブルが発生した。毎日がハプニングのようなものである。こんなに多様でわけのわからない人が集まり、次第にコミュニティと呼べるような集団になっていく場＝劇場があっただろうか。気を揉みっぱなしだったが、そこに「ありえたかもしれないワーグナー」が立ち現れてくるようで、私は愉快でたまらなかった。

そうした生成変化は人だけにとどまらない。すべてのイベントは、和田信太郎さん率いるメディアチームによって映像に記録された。彼らは、私が教員をしている東京藝術大学大学院映像研究科の学生だったので、その日の「上演」が終わるとすぐに元町中華街校舎に戻り、翌日までに映像編集を終え、アーカイブとして劇場内にインストールしていく。日ごとライブ収録されるラジオ番組も、劇場内で聞けるようアーカイブ化されていく。こうして劇場空間全体が「メディア・センター」になっていった。空間的な変化については、早稲田大学の小林恵吾研究室のみんなが、記録チームとして、また、空間を多様に使用するためのガイド役として、連日劇場に通ってくれた。メディアチームと記録チームは「ワーグナー・クルー」と毎日会うことになるし、共同で「上演」をつくっている意識も強くなるので、やがて、高校生から大学院生、社会人までもが混在する「アンサンブル」のようになっていった。観客も次第に慣れてくるようで、劇場空間内を歩きまわったり、ワークショップを見学したり、映像アーカイブを見てまわったり、ラジオを聞いたり、人によってはサイファーやMCバトルに参戦したり、リラックスしてそれぞれの楽しみ方を見つけてくれる人が増えていった。こうして、目に見えるもの、目に見ないものを含め、劇場空間は日ごとに生成し、変化していったのである。

最終日には、「ワーグナー・クルー」によるプレゼンテーションが行われた。一人一人が九日間の学びの成果を発表した。『ニュルンベルクのマイスタージンガー』の歌合戦は優勝者を決めて終わったが、私たちの歌合戦にはっきりとした終わりはない。むしろ、「途中」で終わったと言うべきかもしれない。というのも、『ニュルンベルクのマイスタージンガー』は一〇日間の出来事という設定なのに、私たちの「上演」は九日間しかなかったのだから。一〇日目がないのは、それぞれのクルーが街に帰ってプロジェクトを継続することを願ったからである。実際に、「ワーグナー・クルー」としてライブに呼ばれたり、クルー同士でユニットをつくったり、ラッパーとしてデビューしたり、かりそめの仮設コミュニティに過ぎなかったものが、その後、形を変えながら都市のなかに散らばっていった。

なぜヒップホップか?

ところで、『ニュルンベルクのマイスタージンガー』をヒップホップに結びつけたのは、この楽劇がストリートの歌合戦をモチーフにしているからという理由だけではない。ヒップホップについては門外漢なので詳しいことはわからないが、演劇的視点から見ただけでも、ヒップホップは巨大な可能性の塊で、ワーグナーに接続すべき必然性があると思ったのだ。

その理由として、まず、ヒップホップが「街頭のオペラ」と呼ばれることが挙げられる。ヒップホップは、ワーグナーの楽劇と同じく「オペラ」なのである。この仮定からプロジェクトを始めたかった。二つ目の理由として、ヒップホップが総合芸術(Gesamtkunstwerk)である点も私には重要だった。ヒップホップを安易に芸術と呼んでいいかは意見の分かれるところだが、ヒップホップをワーグナーに関連づけていくプロセスのなかで、私はヒップホップこそワーグナーに比肩する現代の総合芸術だと考えるようになった。

ワーグナーの提唱した総合芸術は、言語芸術と音楽芸術を総合した芸術=楽劇を超えて、音楽、演劇、建築、ダンス、文学など複数の芸術分野が混交され、「一つ」になった芸術を意味する。ヒップホップは、ＤＪ、ＭＣ(master of ceremonies)、ブレイクダンス、グラフィティという四つの活動から成り立っている。音楽、言葉、身体、イメージの混交という点だけを取っても、十分に総合芸術的であるし、言語芸術と音楽芸術の総合という点でも共通している。ただし、ワーグナーの総合芸術と違って、統合を欠いた「総合芸術」であり、それぞれの要素が、ヒップホップというフレームのなかで独立したまま成立するのが特徴だろう。ヒップホップは、異なるものを「一つ」の場に混在させるヘテロトピアとして、パーティで、街頭で、都市で、YouTubeで、「ヒップホップ」という異なるレイヤーを生み出していった。

興味深いのは、その始まりとされるDJが、ありものを引用して組み合わせることで新しい音楽をつくりだした点である。いわゆる楽器は必要ないし、それを習得するための教育も要らない。複数のラジカセかレコードプレーヤーによって、これまで誰も思いつかなかったビートのつながりを発見し、「一つ」にまとめ、新しい音楽を(再)創造していく。「複製技術時代の芸術」を地で行っていて、持たざる者に開かれているのだ。

また、ヘテロトピアであるパーティを「一つ」につないでいくMCが、次第にラップへと姿を変えていく。その基本姿勢は「目の前の風景を詩に変える」ことで、それゆえに、自らが身に着けるアディダスが、地元の様子が、自らの悪行が、現状への訴えが詩になるのである。それはブレヒトが言っていた意味で、「理由なしには考えない」関与者の詩であり、自分たちの経験の検証の場であるに違いない。だから、地元のコミュニティを「レペゼン」= represent(代表)していることが重要になる。しかも、「目の前の風景」の何をどう捉え、どう面白く韻(ライム)を踏むのか、言葉そのものの吟味や対象への距離感など、高度な言葉の技能が要求される。自己への陶酔や対象への没入とは無縁の世界なのである。

DJもラップも遊戯性が高く、初心者でも楽しめる。と同時に、猛練習して技術を習得しないとものにならない。カンフー映画の物真似から始まったと言われるブレイクダンスにしても同様で、普段は有機的に統合されている身体を、非有機的でバラバラな身体所作に分解することで、ロボットのような非中枢的ダンスを生み出した。このとき、身体は「器械」となる。グラフィティにおいても、スプレーによる「落書き」には独自の技術が必要で、ラジカセやレコードプレーヤーや身体といった「器械」と同じく、スプレー缶をうまく操れないと表現にならない。ヒップホップはその全体が「器械との遊戯」であり、「器械との共演」なのである。

グラフィティの場合、どこの壁に何を書くかも重要だ。「動く壁」である地下鉄に書かれた「落書き」は、都市を移動することを通して、とりわけ多くの人の目に触れられることになった。都市がメディアとしてハックされ、巨大な遊戯空間になったのである。

私は、ベンヤミンが映画の社会的機能について述べた言葉を思い出さずにはおれない。


第一の技術は実際、自然の支配を目指していた。第二の技術はむしろ、自然と人類との共演〔共同遊戯〕を目指すところがはるかに多いのである。今日の芸術のもつ社会的に最も重要な機能は、この共演の練習をさせることにある。このことはとくに映画に当てはまる。人間の生活においてほとんど日ごとにその役割が増大してきている器械装置とのかかわりは、人間の統覚および反応の新しいかたちを生み出す。映画は、人間がこのような統覚および反応を練習するのに役立つ。同時にこの器械装置とのかかわりから人間は次のことを教えられる。すなわち、第二の技術が開拓した新しい生産力に人類の心身状態がすっかり適応したときにはじめて、器械装置への奉仕という奴隷状態に代わって、器械装置を通じての解放が生じるであろうということである。

（ヴァルター・ベンヤミン「複製技術時代の芸術作品」浅井健二郎編訳、『ベンヤミン・コレクション1 近代の意味』ちくま学芸文庫）

引用文中にある「映画」を「ヒップホップ」に置き換えたほうが、全体の意味をより理解できるのではないだろうか。ただ、映画がそうであったように、ヒップホップがこうした言説に留まることはない。良くも悪くも、ものすごいスピードでグローバル資本主義に飲み込まれ、すでに音楽業界やエンタメ産業のトップに君臨しているジャンルなのだ。しかし、ヒップホップは、それが誕生したときに持っていた変革の可能性をまだ残しているように思うのだ。具体的には、右に述べた技術は物真似が可能で、ヒップホップに興味を持ちさえすれば、それぞれの地元で仲間と展開させていくことができる。物真似から始めて、「器械」と戯れながら技術を磨いていくことで、自分なりのスタイルを見つけ、それぞれに腕をあげていく。劇場ではなくストリートや高層アパートの娯楽室で、プレイする側と見る側は交換され、自分たちの置かれた現実をその表現方法＝技術とともに学んでいくという点で、ヒップホップはブレヒト教育劇の未来形であるとさえ私は思う。

さらにブレヒトとの関連でいえば、ヒップホップは「引用」という方法を特徴としている。と同時に、引用をベースにつくられた作品やスタイルは、それ自身の引用可能性も高く、さらに別の引用に開かれている。自分が引用し、他者に引用されるためには、それが「身振り」として定式化されている必要がある。言葉が文字になったり、動詞が動名詞になったり、振る舞いがスタイルになったりすると、当然ながら引用可能性は高まる。単なるジェスチャーとして表面的に真似される場合も多いが、ヒップホップの身振りは、ブレヒト的な意味で「思想を定式化した」ものとして引用できる。もう一歩踏み込んで言うなら、「器械」との遊び方が定式化されていて、遊び方それ自体がシステムとして引用可能なのだろう。その際、ヒップホップが、誰でも手に入れることのできる身近な「器械」をメディウムにする手法、あるいはメディウムを「器械」として捉える視点が、その距離感や批評性を高めているように思う。ニューヨーク・ブロンクス地区の、「プロジェクト」と呼ばれる低所得者向けの高層アパート群で誕生し、公民権運動の担い手を親に持つ黒人の若者たちが手作りで育てていったプロセスが、ヒップホップの「思想」を鍛えていった。私は、ここにも亡命者ブレヒトとの接点を見る。

二〇一九年暮れ、フランクフルトで『ワーグナー・プロジェクト』を実施した際、その担い手の多くは、移民や難民の子供たちだった。彼らの多くは「はみだし者」で、実際にギャング

フランクフルトでの『ワーグナー・プロジェクト』より（上下とも）

のような人もいた。みんな黒人ラッパーのように振る舞っていたが、その身振りは表面的な物真似ではなく、マイノリティとして虐げられている自分たちがつながっていくための、ある種の「ツール」のように私には見えた。身振りもまた「器械」なのである。ヒップホップの身振りを引用し、別の役(アイデンティティ)を演じることで、民族や人種や移民といったカテゴリーを解体していく。さまざまな地区で、ヒップホップは「やり直し」され、既存のカテゴリーを壊し、マイノリティ同士の新しいつながりをつくり、日常生活に「ヒップホップ」というレイヤーを出現させていく。このレイヤーは、あらゆる都市をつなぎ、世界を遊戯の場として二重化していくだろう。それまで、環境や状況を受容することしかできなかった若者の生活空間が、「ヒップホップ」という身振りのネットワークによって、他者や他所と接続可能な遊戯空間になるのだ。それを可能にしてくれるからこそ、ヒップホップはこんなにも世界中の若者を魅了するのではないだろうか。

この現象は、ヒップホップという「舞台」がいたるところに現れ、みんなのものになったということを意味するのだろうか。もちろんそう考えることもできるが、それではヒップホップを近代的な演劇／劇場のイメージに閉じ込めてしまうことになりかねない。むしろ、ヒップホップが「テアトロン(客席)」のあり方をラディカルに更新し、それを世界中の都市のなかへと拡張していったと捉えるほうが、ヒップホップの革命性をより的確にイメージできるだろう。

ここで、あらためてヒップホップを『ワーグナー・プロジェクト』に結びつけてみよう。

私は、ブレヒト教育劇をワーグナーに接続すると言った。その実質的な意味とは、統合を特徴とするワーグナーの楽劇＝総合芸術を、ヒップホップというきわめてブレヒト教育劇的な「総合芸術」によって解体することだった。そのことで、ワーグナーが実現しえなかった民衆演劇のビジョンを（再）発見したかった。と同時に、動員／排除のシステムを逆手にとり、共同体に同化できなかったり、共同体から排除されたりした「はみだし者」たちが集う、都市のコミュニティ・モデルを提示したかったのである。

あとをくらませ！

演劇史と個人史を交差させる制作の一例として、『ワーグナー・プロジェクト』を見てきた。これが私なりの演劇史への応答であり、自分の制作への接続である。Port Bという演劇ユニットを創設した二〇〇三年以降、国内外三七の都市で約八〇の作品やプロジェクトを実施している。そのなかから『ワーグナー・プロジェクト』を紹介したのは、それが作品であると同時にプロジェクトであったこと、またこのプロジェクトが、演劇の過去と未来に明確なかたちで応答していることが理由である。

二〇一七年に横浜で始まった『ワーグナー・プロジェクト』は、その後、二〇一九年にフランクフルトのムーゾントゥルム劇場で再演された。再演といっても、また一からオーディションをして「ワーグナー・クルー」が生まれ、劇場空間もろとも新たに生成変化していくのだから、まったく別の公演になったことは言うまでもない。「ワーグナー・クルー」の多くは移民や難民の子供たちで、ドイツ語ではなく、アラビア語や英語やアルバニア語やロシア語でラップする人もいた。ラッパーのレベルは横浜のときよりも高く、おそらく将来ドイツのヒップホップ界を背負っていくであろう一六歳の歌姫Josiもいた（『ワーグナー・プロジェクト』がきっかけとなり、彼女はその後メジャーデビューを果たした）。

ムーゾントゥルム劇場は、ドイツを代表するフリーシーンの劇場の一つで、とんがったプログラムにより良質な観客がついている。にもかかわらず、『ワーグナー・プロジェクト』に彼らが足を運ぶことはなかった。劇場に来ても五分ほどで帰ってしまう人がほとんどで、こんなものは演劇でない、と言わんばかりに顔をしかめる人もいた。私はヒップホップへのあからさまな侮辱と嫌悪に驚き、演劇の観客の保守的性格を感じざるをえなかった。

観客層がほとんど混じることがなかったのは残念だったが、その代わり、フランクフルト近辺のヒップホップ関係者が集う場として大いに盛り上がった。フランクフルトとその隣町のオッフェンバッハは、ドイツにおけるヒップホップの中心地の一つで、それは住民の半分以上が移民だからに他ならない。ギャングになってしまった子供たちにラップを教える活動も盛んである。彼らはそれぞれの地域で活躍しているが、地理的に離れていることに加え、派閥やスタイルの違いもあってなかなか出会う場がなかったらしい。ムーゾントゥルム劇場は中立的な場所だし、かつて街一番の高層建築だった石鹸工場を改造した空間の魅力もあり、フランクフルトのヒップホップ界を横断する、オルタナティブな場になる条件を備えていたのだろう。公演が始まると徐々に噂が広がり、街中のヒップホップの担い手たちが集まりはじめた。劇場が一時的な「ラップの学校」になり、ヒップホップの新しいコミュニティが生まれたのである。「ワーグナー・クルー」のコミュニティとしての多様性、ラッパーとしての個々の力は素晴らしく、最終日のプレゼンテーションは特別な時間になった。この奇跡のような一〇日間の後も、「ワーグナー・クルー」としての活動は続いているようで、私がフランクフルトを再訪したときも彼らのライブが行われていた。劇場で生まれたフィクショナルな仮設コミュニティが、「嘘から出た実（まこと）」のように、リアルなヒップホップ・コミュニティとして都市のなかに広がっていったのである。その意味で、やはり『ワーグナー・プロジェクト』はプロジェクトなのであった。

それにしても、「プロジェクト」という言葉は使い古されている。しかし、第一部でも述べたように、「虚（バーチャル）空間を実（リアル）空間へ重ね合わすこと」（磯崎新）が「プロジェクト」の本義である。それは演劇／劇場の本質的機能に関わる概念であり、今あらためてプロジェクトという地点から演劇を捉えなおしていく必要を私は感じている。『ワーグナー・プロジェクト』においても、この先、大分市の祝祭の広場をはじめ、アテネやブリュッセル、金沢市で展開していく予定だが、さらなる進化を目指し、「ヒップホップの学校」として事業化していくことを考えている。「虚実皮膜」の「学校」が、都市に拡張し、本物の学校になるのである。

これは『ワーグナー・プロジェクト』に限った話ではない。第一部で詳述した『Jアート・コールセンター』は、フィクショナルな「コールセンター」を作品化したものであると同時に、外付け可能な会社として機能するリアルなコールセンターであった。

さらにいくつかの例をあげよう。

『東京ヘテロトピア』は、はじめ東京のなかのアジアを旅するツアー作品としてつくられた。ガイドブックに導かれスポットを訪ねると、そこに因(ちな)んだ物語をラジオで聴くことができる。「Port観光リサーチセンター」(二〇一二年設立)によるリサーチ結果をもとに、管啓次郎さん、温又柔(おんゆうじゅう)さん、木村友祐さん、小野正嗣さん、井鯉こまさんという五人の作家が、そこで起きたかもしれない物語を書いている。訪問地の歴史と物語とが交錯し、ひょっとしたらありえたかもしれない「アジア都市」としての東京が見えてくる仕組みだ。その後スポットの数は増え、ガイドブックはスマートフォン・アプリに変わった。次は、東京メトロとコラボレーションして都内全域に回路をつないでいく予定である。訪問地は五〇か所ほどになり、作家の数も増えていく。アジアの作家を東京に招聘して、ヘテロトピア・スポットの物語を書いてもらう試みも始めた。『東京ヘテロトピア』は、都市のインフラとして街中に拡散し、内側から東京の景色を変えていくことだろう。

また、東京で始まった『ヘテロトピア・プロジェクト』は、台北、アテネ、ベイルート、アブダビ、リガ、フランクフルトでも展開され、それぞれの都市に特徴的なヘテロトピアが抽出され、まったくかたちの異なるツアーになっていった。

『東京修学旅行プロジェクト』は、アジア各国から東京に来る修学旅行生の訪問コースを、国ごとにリサーチし、彼らが見ている異なる「東京」を、東京の住人が二泊三日かけて模倣・反復するというものである。これまで、台湾編、タイ編、中国編、そして、国民国家の枠組みから外れたクルド編、中国残留孤児編、福島編を実施してきた。最後の福島編では、実際に福島から高校生を招き、東京の高校生と一緒に、福島から見た東京を「修学旅行」した。フィクションだった「修学旅行」が、本当の修学旅行に近づいたのである。今後は、アジア各国の中高生と東京の中高生が出会うプラットフォームとして、リアルな修学旅行に更新していきたい。

『マクドナルドラジオ大学』というプロジェクトでは実際のマクドナルドを使用した。その都市に避難してきた難民や亡命者が「教授」になり、マクドナルド店内でライブ講義を行うのである。朗読の声は、マイクに拾われトランスミッターで店内に飛ばされ、「学生」である観客はポータブルラジオで講義を聴く。講義科目は、文学、哲学、建築、ジャーナリズム、アクティヴィズム、ジェンダー・スタディ、スポーツ学、音楽学、生物学、動物科学、衛生学、教育学、メディア・スタディ、犯罪学、ソーシャリー・エンゲージド・プラクティス、写真、経営学、会計学、リスク・マネージメント、国際関係論、都市リサーチ、化学、経済学、カルチュラル・スタディーズ、家族学、文化人類学……とさまざまである。「教授」の出身国も、シリア、パレスチナ、イラン、イラク、エジプト、モロッコ、ギニア、ガーナ、スーダン、エリトリア、ウガンダ、ブルキナ・ファソ、アルジェリア、ソマリア、コンゴ（民主共和国）、カメルーン、アフガニスタン、パキスタン、ウクライナ、中国、モロッコ、エジプト……と多様である。フランクフルトでスタートし、ベルリン、横浜、東京、金沢、香港で、それぞれの都市の難民や亡命者と出会い、彼らが「教授」となり、独自の講義を発信してきた。難民になる過程の悲惨な話が語られることは稀で、むしろ、彼らが「難民」と呼ばれるようになる前に持っていた、母国でのさまざまな顔に光を当てるようにしてきた。「教授」たちの多くは、学者でも研究者でも教師でもないが、誰もが自分の経験から得た知恵や知識を持っている。講義を一緒につくるたびに、その豊かさに驚嘆させられる。現在までに、四三人の「教授」による四三個の講義が生まれ、これらはアカデミズムや欧米中心の知の制度からこぼれ落ちた、知恵や知識の宝庫になっている。現在ブリュッセルと東京（三度目）で『マクドナルドラジオ大学』を準備しているが、いずれも実店舗での実施を予定している。この「大学」が、もしもマクドナルドの全フランチャイズで展開されたら——と想像してみよう。ハンバーガーを食べにきた人がたまたま講義を聴いてしまうような偶然の出合いが、さまざまなマクドナルドで生まれるに違いない。私が目指しているのはそうした場の生成なのだ。そのとき、『マクドナルドラジオ大学』は都市のいたるところに遍在する「大学」になるだろう。

これらの例は、すべて演劇を都市のプロジェクトにする試みである。私の演劇は、いずれ都市の機能となり、演劇作品であることをやめるだろう。「これから必要になるのは小さくて動くことのできるさまざまな形式、演劇ちゃんたちだ」というブレヒトの「遺言」を思い出すなら、演劇はもっと小さく身近なものになって、さまざまな形で都市のなかに拡散し、演劇でなくなる（見えなくなる）のではないだろうか。例えば、テアトロン（客席）と街を接続するメディウムが舞台であるならば、観客を都市のなかに誘導する『東京へテロトピア』のスマートフォン・アプリも「舞台」と呼べるだろう。携帯可能で、これ以上ないほど身近なものが客席と都市を接続するメディウムになっているのだから、「舞台」の機能を果たしていると言えないだろうか。さらに考えを進めると、都市のなかにテアトロン（客席）を拡張し、あるいはインストールすることができれば、身近な街がそのまま「舞台」になる。極論を言えば、舞台＝鑑賞物をつくる必要すらなくなる。なぜなら、自分が置かれた環境や状況に「演劇」を見出すことのできる観客さえいれば、演劇は成立するからである。第一部や前章で論じたように、ブレヒト教育劇の理念を推し進めるなら、都市や社会のなかに、さらには自分の生活のなかに、自ら「演劇」を（再）発見することが究極の目標になってくる。今や演劇は、小さくなるだけでは不十分で、もっと身近なものへと変容し、演劇でなくなる（見えなくなる）ほうがいいのかもしれない。

すでに見てきたように、古代ギリシア以来、演劇は都市について考える場であり、世界を二重化する装置であった。虚空間を実空間に重ねるという意味で、演劇はそもそも「プロジェクト」だったのである。だとすると、演劇の真価が問われるのは、観客が都市のなかに戻っていった後、つまり、演劇が都市という実空間のなかに消えてからなのかもしれない。

ところが、ワーグナーに代表される近代演劇を境に、演劇は逆の方向に進むことになった。亡命者ワーグナーがルートヴィヒ二世によって救われ、芸術の支配者になる過程とパラレルに、演劇は劇場で完結するものとなり、都市へと開かれることなく劇場に囚われるようになる。これが近代演劇であり、芸術としての演劇の完成であった。

ブレヒトは、非アリストテレス的演劇を提唱し、ギリシア悲劇を否定したかのように見えるが、実際には教育劇の試みを通して、学校や工場のなかに入り、虚空間と実空間を二重化しようと実験を繰り返した。演劇を芸術としての演劇から解放し、再び都市のプロジェクトにしたという意味で、ブレヒトは古代ギリシア演劇の継承者だったと言える。未来の演劇は「演劇ちゃん」たちにならなければいけないという考えには、演劇を都市のなかに溶け込ませ、観客という生活者によって「使える」ものにしていこう、という意図が込められていただろう。ブレヒトが小ささや親密さを強調したのは、同時代人に演劇を巨大なスケールでプロジェクトにしてしまった者がいたからに他ならない。ナチスである。

ナチスによる演劇の悪用は、その後の演劇に大きな影となってつきまとった。衝撃的な負の歴史への反省から、演劇はプロジェクトになることを警戒し、ますます舞台上の芸術を志向するようになった。そこで社会を正しく批判しようというわけである。しかし、毒を抜いて薬だけを求めようとすれば、毒にも薬にもならない代物（しろもの）になる。ギリシア悲劇の章で論じたように、もともと演劇には権力の武器という側面があり、制度の側に身を置き、世界に秩序を与えるものだった。同時に、神話的な暴力や既存の秩序を攪乱したのも演劇であった。だからこそ共同体のモデルをつくり、都市や国家を揺さぶるプロジェクトになりえたのである。

こうした毒が歴史のなかでたびたび悪用されてきたせいで、演劇はその使用に慎重になり、ひたすら社会の薬になろうと努めてきた。演劇は、（社会的な）芸術としての地位を築いた代わりに、都市のプロジェクトになる力を失ってしまったようだ。客席やそこに座る観客は、都市からますます切り離され、「舞台芸術」を成立させる付属物になってしまった。その間に、現実の政治は、再び巨大な演劇／プロジェクトになりつつある。動員／排除の暴力が国家的な規模で駆使され、世界中いたるところに「壁」が建設され、差別と分断はますます加速していく。さらに、インターネット経由の虚空（ヴァーチャル）間が現実世界を覆い尽くし、虚（フェイク）を操ることで現実社会にうまくプロジェクト化する者が世界を動かしはじめている。こうした力は、演劇が本来持っていた機能なのである。ナチスのようにあからさまな演劇でないからわかりづらいが、現代においてもまた、演劇の力が悪用されているように私には感じられるのだ。

　では、当の演劇は何をすればいいのだろうか。問題を取りあげ、良識ある観客に向けて、舞台上で正しく批判してみせるのがこれまでのパターンである。だが、いくらそれをやったところで、演劇特有の力を召喚することはできないだろう。今こそ立ち止まり、演劇＝舞台＝芸術であることに中断を入れ、演劇の毒や暴力性にあらためて向き合う必要があるのではないだろうか。動員／排除のシステムや、プロジェクトになる力が「取り扱い注意」であることは間違いない。しかし、危険だからといってその力に背を向け、安全地帯から正しい発言をするだけでいいのだろうか。演劇の毒を自覚し、毒をもって毒を制す方法を模索するときが来ているように思うのだ。

　そのためには、演劇を芸術から解放し、都市のプロジェクトという古代ギリシア以来の原点に引き戻す必要がある。六〇年代以降多くの演劇が都市に出ているじゃないか、と反論されそうだが、ほとんどは舞台を街頭に移しただけで、本質的な意味において、テアトロン（客席）＝「演劇」を見る場が都市に拡張されたわけではないだろう。小さくて身近なテアトロン（客席）を都市に遍在させ、「観客」を取り巻く実空間を虚空間によって二重化＝プロジェクト化できるかどうか、そこが問われているのである。

　具体的な方法の一つは、演劇の本質的機能である動員／排除のシステムを逆手に取り、テアトロン（客席）に恣意的な共同体モデルを出現させることである。例えば『ワーグナー・プロジェクト』のように、当のワーグナーが行ったセレブ／権力者の形成とは反対に、都市のマイノリティを「動員」し、排除されてきた「はみだし者」のコミュニティをつくってしまうのだ。その仮設コミュニティは、フィクショナルな身振りのネットワークによって、虚空間を出現させ、都市の実空間を変容させていくことだろう。あたかも「嘘から出た実」のように。

けれども、こうしたやり方で演劇が都市のプロジェクトになり、その力を回復できると考えるのは楽観的にすぎるかもしれない。演劇は、ほとんど絶望的なまでに、自らをおとなしく飼い慣らしてしまったように見える。では、去勢された演劇がその危機を脱するにはどうすればいいのだろうか。

ここでも私たちは歴史から学ぶことができる。ワーグナーやブレヒトがやってきたことを模倣し、反復すればよい。命が危うくなったら、亡命するのである。演劇を、別の何かに「亡命」させるのだ。最後に、もう一度ブレヒトの言葉に耳を傾けてみよう。『都市住民のための読本』という最高の亡命マニュアルがある。

何をいおうが、それを二度とはいうな
きみの考えを他人がしゃべったら、きみの考えとは違うといえ。
署名しなかったやつ、写真をとられなかったやつ
現場にいなかったやつ、口をきかなかったやつ

が、どうしてつかまえられようか。
あとをくらませ！

きみが死のうと思うなら、こころして
墓標を残すな、残せばきみの居場所は明かされる
はっきりした文字がきみの名前を届けでる
そして没年の数字がきみの有罪を証拠だてる。
くどいが
あとをくらませ！
（ベルトルト・ブレヒト「都市住民のための読本」野村修訳、『ベルトルト・ブレヒトの仕事3　ブレヒトの詩』河出書房新社）

「きみ」を「演劇」に変えると、演劇の「亡命」の仕方、来るべき演劇が都市においてどう振る舞えばよいかのマニュアルになる。演劇の標（しるし）を消して、「あとをくらませ」ること。演劇を隠すことによって、演劇の根源へ、そして未来へと接続するのである。
『あいトリ』が社会問題になり、ブレヒト教育劇がヒップホップになったように、『Ｊアート・コールセンター』を「会社」に、『ワーグナー・プロジェクト』を「学校」に、『マクドナ

ルドラジオ大学』を「大学」に、『東京修学旅行プロジェクト』を「修学旅行」に変容させるのだ。都市のなかに潜入した演劇は、別の何かへと「あとをくらませ」るだろう。ただし、あとをくらませても、消えてしまってはならない。あくまでも演劇でありつづけること。この引き裂かれた二重性を引き受ける以外に、演劇がその力を取り戻すことはないように思われる。

さて、粛々と大胆に、街へ出て行くことにしよう。

あとがき

　私の場合、移動がそのまま制作というところがあり、東京と海外の都市を行き来する生活を、ここ一〇年ほどノンストップで続けてきた。ところが、二〇二〇年の二月から三月にかけて、香港、ブリュッセル、ボーフム、フランクフルトに滞在したのを最後に、まったく移動できない生活が始まった。新型コロナウイルス・パンデミックの影響である。作品制作やプロジェクトのほとんどが中止、もしくは延期された。新型コロナウイルスは、途方もない規模で世界の流れを止めてしまった。

　この中断を利用して、これまでの活動を振り返ってみようと考えた。私にとってはまたとない機会で、コロナの影響でいよいよ非常事態を迎えた演劇について、その危機がコロナのせいだけとは言えない理由を、自分のこれまでの思考や活動を振り返りながらじっくりと考えることができた。そして、演劇の危機について、自分なりの回答を記したのが本書である。過去を編みなおしたことによって、私なりに演劇の未来を方向付けることができた。今後の私の仕事は、ますますその方向に向かうことになるだろう。

しかし、それは「私の回答」であって、自分の考えがすべてだと思っているわけではもちろんない。むしろ、一人一人がそれぞれのやり方で「危機」（もしも演劇の現状を危機と捉えているならば）に向き合い、自分なりの回答を見つけていくことが大事ではないかと考えている。さまざまな形式の「演劇ちゃん」たちが生まれ、ネットワークをつくっていけば理想的だなと思う。

本書が、そうした流れを促す一つのモデルになればうれしい。


ここまで演劇活動を続けてくるなかで、数多くの人々のお世話になった。全員のお名前をあげられず心苦しいかぎりだが（それだけで一冊の本ができてしまうだろう）、とくにお世話になった人々に、ここでまとめて感謝の言葉を記しておきたい。

まず、Port Bの人々である。Port Bとは二〇〇二年に創設した演劇制作ユニットで、私の活動の母体となってきたものである。今ではプロジェクトごとに形や参加者が変わる変容可能な器のようになっているが、立ち上げ時は固定されたメンバーで主に舞台を制作していた。その後、私が舞台制作から離れてしまったせいで、また、次から次へと形を変え、日本の外へ、さらには演劇の外へと出て行ってしまったせいで、もといたメンバーとの関係はほとんど切れてしまった。いろんな場所を一緒にリサーチし、複数の公民館や施設を「稽古場ジプシー」していた頃は、大変ではあったが、これ以上ないというほど楽しくもあった。Port Bの始まりの時間をともに過ごしたメンバー、河崎純さん、ヤオタテキさん、井上達夫さん、青木純一さん、三行英登さん、宇賀神雅裕さん、暁子猫さんにはとりわけ感謝申し上げたい。

そして、本書にも何度か登場した哲学者の牧野紀之さんである。私は牧野さんから「学ぶ」とはどういうことかを叩き込まれたと思っている。一〇代後半から二〇代前半にかけての牧野さんのもとでの学習（哲学とドイツ語）と、牧野さんと出会うきっかけになった国語専門塾・鶏鳴学園の仲間たち、中井浩一さん、早川道雄さん、川辺亮さん、笹本貴之さん、松永奏吾さんとの研鑽の日々があったから、その後ドイツに渡っても私は演劇を「独学」で学んでいくことができた。

「フェスティバル／トーキョー」初代ディレクターであり、現在では特定非営利活動法人「芸術公社」を運営されている相馬千秋さんとの出会いにも触れないわけにはいかない。アサヒ・アートスクエアで謡曲『隅田川』の翻案を上演したときのこと、初日だというのに十五名の観客しかいなかった。私はほとんど絶望しかけたが、そのなかの一人に相馬千秋さんがいて、その後、「フェスティバル／トーキョー」で六つの作品を一緒につくったのである。二〇〇九年から二〇一三年のこの五年間で、私が都市に向き合う基本的な姿勢がつくられたと思っている。

また、翻訳者・ドラマトゥルク・演劇研究者の林立騎さんとは二〇〇五年から一緒に仕事をしてきた。私がかつて好んで演出したエルフリーデ・イェリネクの戯曲や、本書のなかに引用したハンス＝ティース・レーマンの言葉はすべて林さんの翻訳による。翻訳にとどまらず、演劇についての林さんとの議論のなかでたくさんのことをともに学んできた。その刺激的な作業は、今も毎日のように続いている。

対話という点で、中学時代からの親友である、臨床心理士の猪股剛さんを忘れるわけにいかない。猪股さんと、演劇に限らずさまざまなことについて対話するなかで、私はどれだけのことを発見してきただろうか。しかし、私が発見したと思い込んでいるだけで、実は二人の間に何かが見つかるような場を開いてくれるのが猪股さんなのである。

二〇一三年に設立したPort観光リサーチセンターは、Port Bの創作を支える重要なリサーチ機関に成長した。そのディレクターであり、多くのプロジェクトにおいてマネジメントを務めているのは田中沙季さんである。私は、都市の「外部」に存在するようなマイノリティの人たちと仕事をすることが多いが、彼らを連れてくるのもほとんどすべて田中さんで（その意味で「キャスティング・ディレクター」でもある）、Port Bの活動を豊かなものにしてくれている影の立役者である。

磯崎新さんと初めてお会いしたのは、二〇一一年、東日本大震災後に行ったプロジェクトの最中である。トラックで東京と福島を移動しながら、中学生にインタビューをしていく『国民投票プロジェクト』のトークに出演していただいた。その後、いろいろなプロジェクトに参加させてもらうようになったが、実際にお会いするずっと以前から、都市についての膨大な思考と実践に大きな影響を受けてきた。私にとって、磯崎さんは都市を演劇にする「劇作家」なのである。

そして、妻の暁子には感謝の言葉もない。ともにPort Bを創設した制作者であり、かつ、暁子猫という傑出したパフォーマーでありながら、私が活動の方向性を変えたせいで、また、子育ての大部分を引き受けてもらったせいで、彼女は自身の活動を中断せざるをえなくなった。申し訳ないかぎりである。しかし、今では家や地域のなかで学びや「パフォーマンス」の場を開き、それは私から見ると、まるで「生活のなかの演劇」のようで、一つのリアルな「演劇ちゃん」を出現させつつある。その意味で、私のはるか先を行く人であり、今後「演劇ちゃん」たちのネットワークをつくっていく同志でもある。それから、身近にあったのに、これまで私が知る機会のなかった、新しい世界への扉を懸命に切り開いている子供たちにも感謝したい。「牛に引かれて善光寺参り」の気持ちでついていくつもりだ。

この本ができあがるまでに、さらに多くの方々にお世話になった。

『あいちトリエンナーレ2019』において、「ReFreedom_Aichi」と、「Jアート・コールセンター」をともにやり遂げた人たち。彼らとの交流が、私にどれだけの喜びをもたらし、私の視野をいかに広げてくれたことか。

本書の第二部でも少し触れた『東京ヘテロトピア』というプロジェクトは、詩人・小説家とのコラボレーションであるが、本書執筆中、とりわけ管啓次郎さんと木村友祐さんにはご心配をおかけした。救いの手を差しのべてくださり、たいへんありがたかった。

また、日頃から、「メディア論的思考」とはどういうものか、倫理感や情の大切さ、教育実践のあり方といった面において多くのことを学ばせてもらっている桂英史さんから、本を書いてみたらと勧められたのが本書執筆の始まりだった。桂さんの、長期間にわたる心のこもった激励がなかったら、私はとても最後まで走りきれなかったと思う。

そして、攻めの姿勢で装丁デザインをしてくださった水戸部功さん、素晴らしい写真の数々を快く提供してくださった畠山直哉さん、また、二〇〇八年以来、Port B の活動の記録写真を撮りつづけてきてくれた蓮沼昌宏さんの協力のおかげで、視覚的な魅力をもつ本ができあがった。

最後になるが、一冊の本としてこのような形にまとまったのは編集の吉住唯さんのおかげである。的確な指摘と粘り強い指導により、自分が想像していたよりずっと遠くまで来れたように思う。心より感謝申し上げたい。

二〇二一年六月二七日

著者

[図版クレジット]

57ページ、139ページ　撮影＝高山明／17ページ上　デザイン＝鷲尾友公／17ページ下、24ページ、27ページ、37ページ、40ページ　撮影＝蓮沼昌宏／53ページ　撮影＝東松照明　『写真家・東松照明 全仕事』展図録、名古屋市美術館、2011年より引用／54ページ　撮影者不明　黒ダライ児『肉体のアナーキズム――1960年代・日本美術におけるパフォーマンスの地下水脈』、グラムブックス、2010年より引用／55ページ　撮影＝羽永光利　Courtesy 羽永光利プロジェクト（羽永太朗、ぎゃらり壺中天、青山目黒）／87ページ　Photo by Marc Euguerand, from *Peter Brook, a Biography*, by Michael Kustow, Bloomsbury, 2005より引用／117ページ、141ページ、143ページ　本杉省三『劇場空間の源流』、鹿島出版会、2015年より引用／205ページ、221ページ、223ページ、225ページ上下とも　撮影＝畠山直哉／217ページ、220ページ　撮影＝新建築社写真部　Courtesy 新建築社／243ページ上下とも　撮影＝ジャネット・ペトリ本書は書き下ろし作品です。

高山明（たかやま・あきら）
1969年生まれ。演出家・アーティスト。演劇ユニット
Port B（ポルト・ビー）代表。国内外のさまざまな都市
でプロジェクトを展開する。東京藝術大学大学院映像
研究科教授。本書が初めての単著となる。

テアトロン
社会と演劇をつなぐもの

2021年7月20日　初版印刷
2021年7月30日　初版発行

著　者　高山 明
発行者　小野寺優
発行所　株式会社河出書房新社
〒151-0051
東京都渋谷区千駄ヶ谷2-32-2
電話　03-3404-1201（営業）
03-3404-8611（編集）
https://www.kawade.co.jp/
組　版　大友哲郎
印　刷　株式会社亨有堂印刷所
製　本　小泉製本株式会社

Printed in Japan
ISBN978-4-309-25672-6